Inhaltsverzeichnis

AF186274

Zahlen bis 6

Gegenstände im Bild suchen und zählen, Strichlisten und Würfelbilder ergänzen

So gut kann ich die Aufgaben: ✓ ?

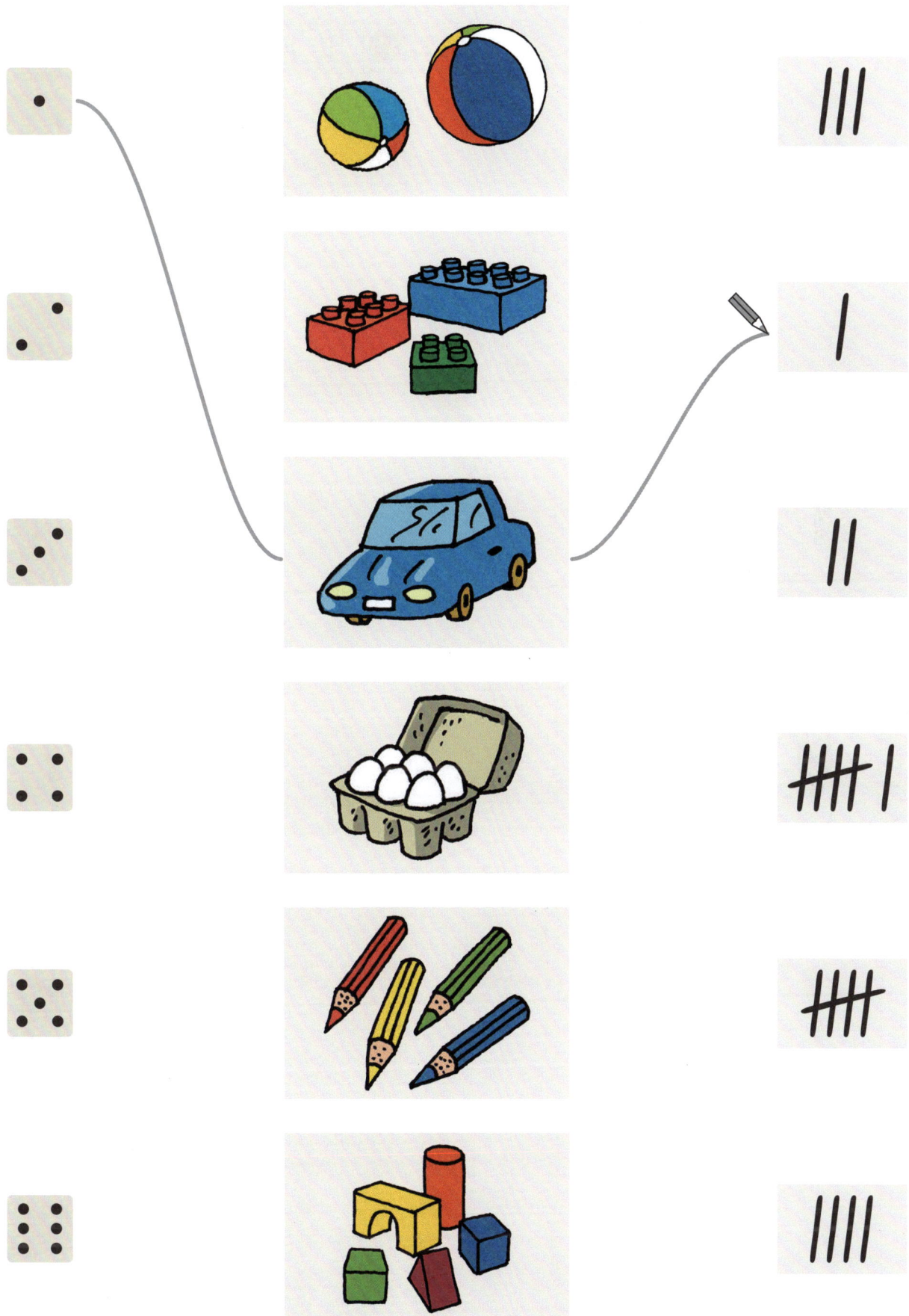

Zahl 1

Ziffer 1 nachspuren, mihilfe der Orientierungspunkte
den Richtungsverlauf erkennen

So gut kann ich die Aufgaben: ✓ ?

1

So gut kann ich die Aufgaben: ☑ ?

1 passende Mengen zuordnen 2 Anzahl der Plättchen
im Zehnerfeld erkennen und zeichnen 3 Menge erfassen,
als Strichliste und Würfelbild darstellen, Ziffer notieren

5

Zahl 2

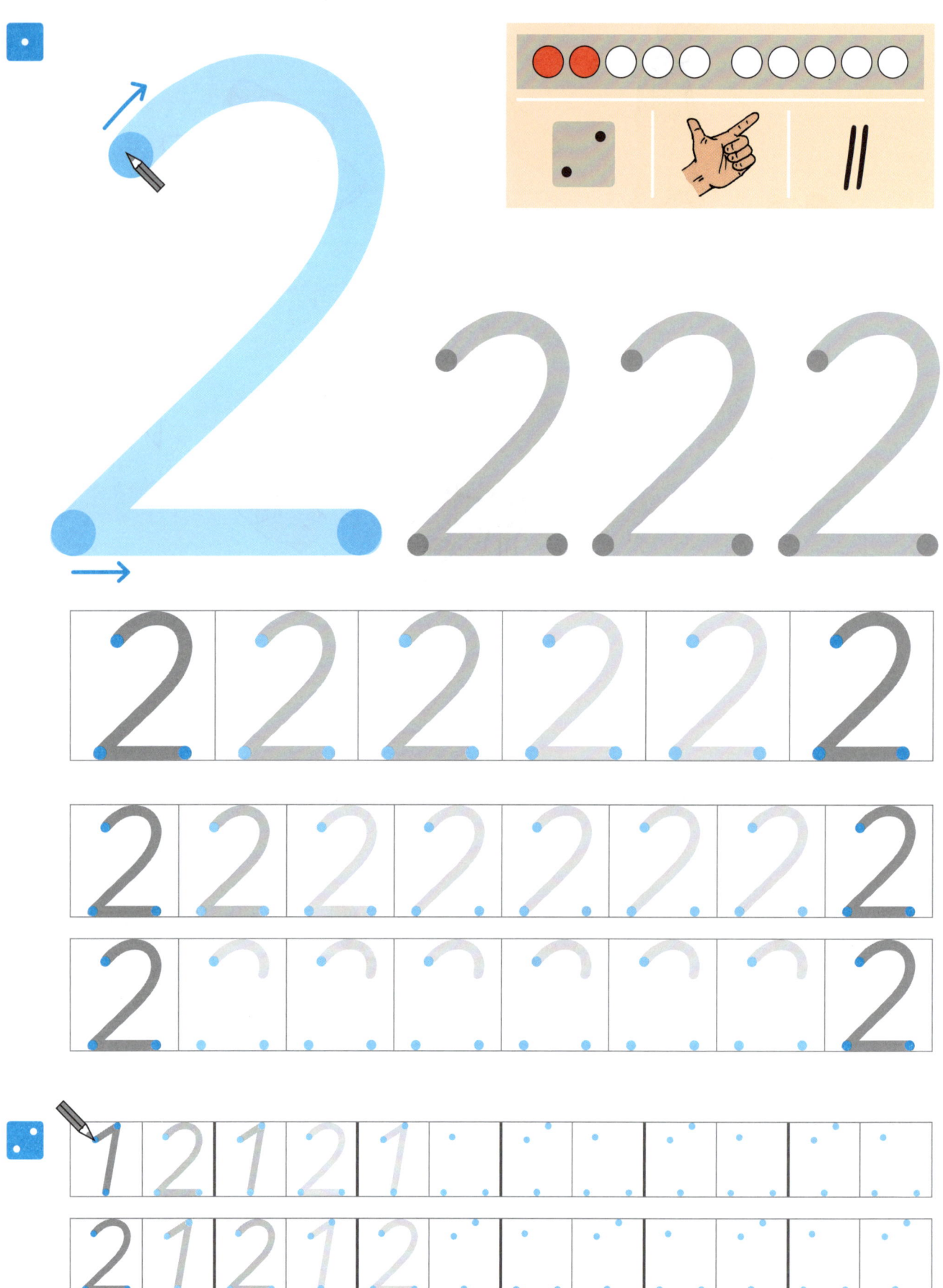

1 Ziffer 2 nachspuren, mihilfe der Orientierungspunkte
den Richtungsverlauf erkennen 2 Zahlenfolge vorwärts
und rückwärts fortsetzen

So gut kann ich die Aufgaben: ✓ ?

2

2

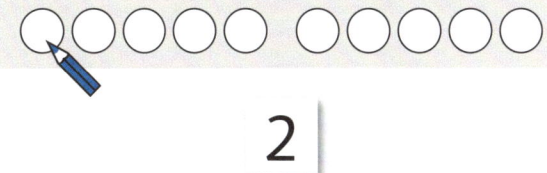

2

So gut kann ich die Aufgaben: ✓ ?

1 Bündeln 2 Anzahl der Plättchen im Zehnerfeld erkennen und zeichnen 3 Menge erfassen, als Strichliste und Würfelbild darstellen, Ziffer notieren

7

Zahl 3

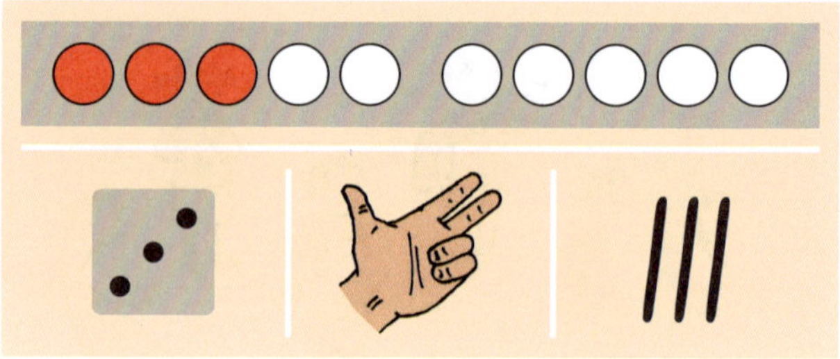

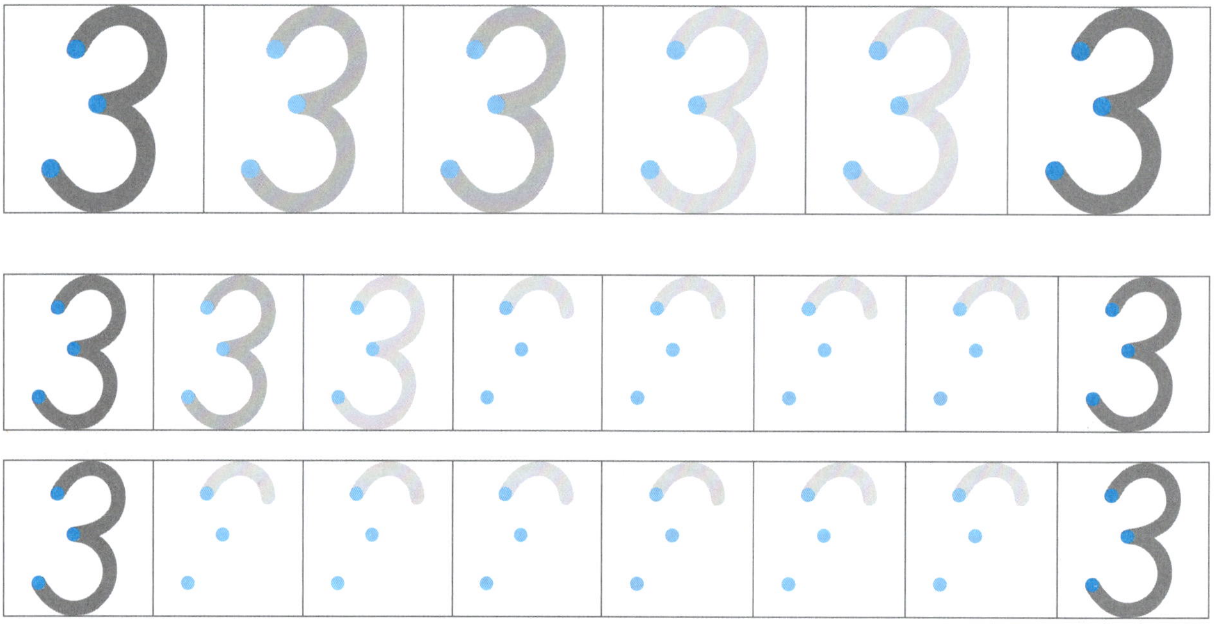

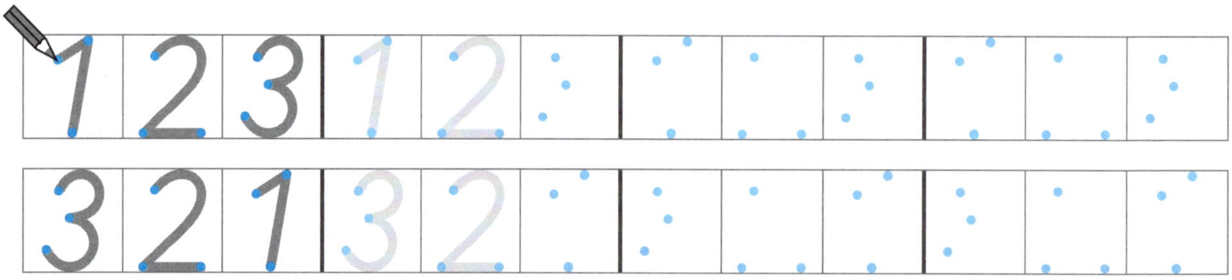

3 3 3

3 3 3 3 3 3

3 3 3

3

3

1 2 3 1 2

3 2 1 3 2

1 Ziffer 3 nachspuren, mihilfe der Orientierungspunkte
den Richtungsverlauf erkennen 2 Zahlenfolge vorwärts
und rückwärts fortsetzen

So gut kann ich die Aufgaben: ✓ ?

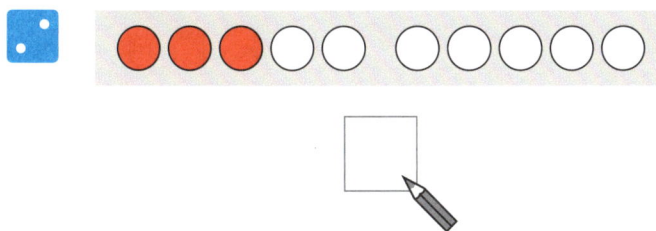

3

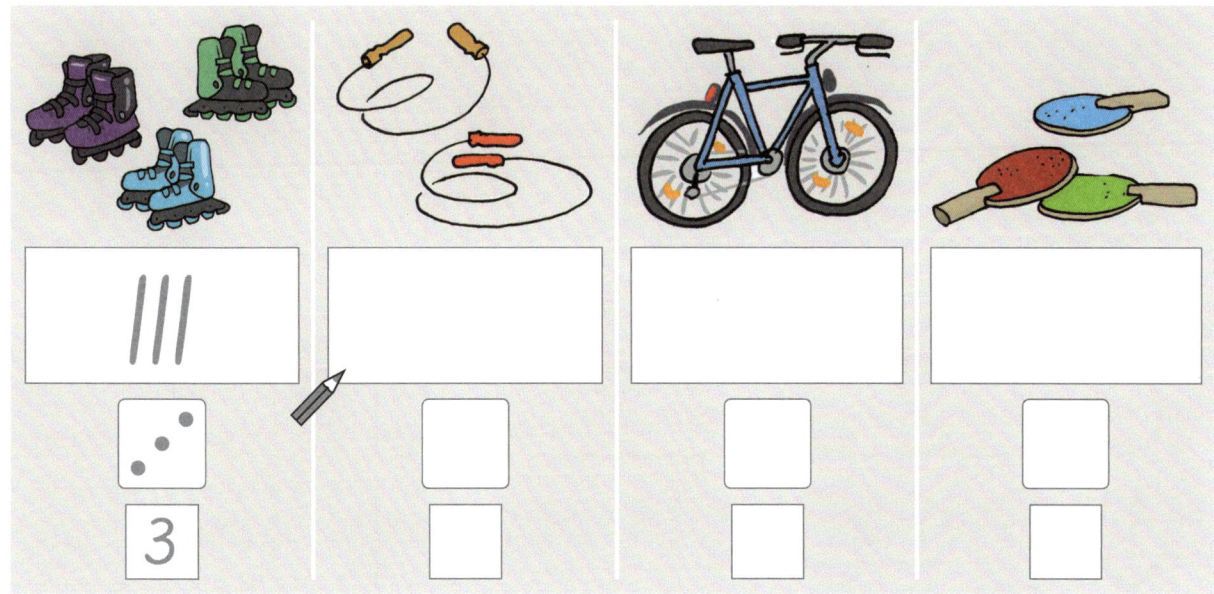

So gut kann ich die Aufgaben: ✓ ?

1 Bündeln 2 Anzahl der Plättchen im Zehnerfeld erkennen und zeichnen 3 Menge erfassen, als Strichliste und Würfelbild darstellen, Ziffer notieren

9

Zahl 0

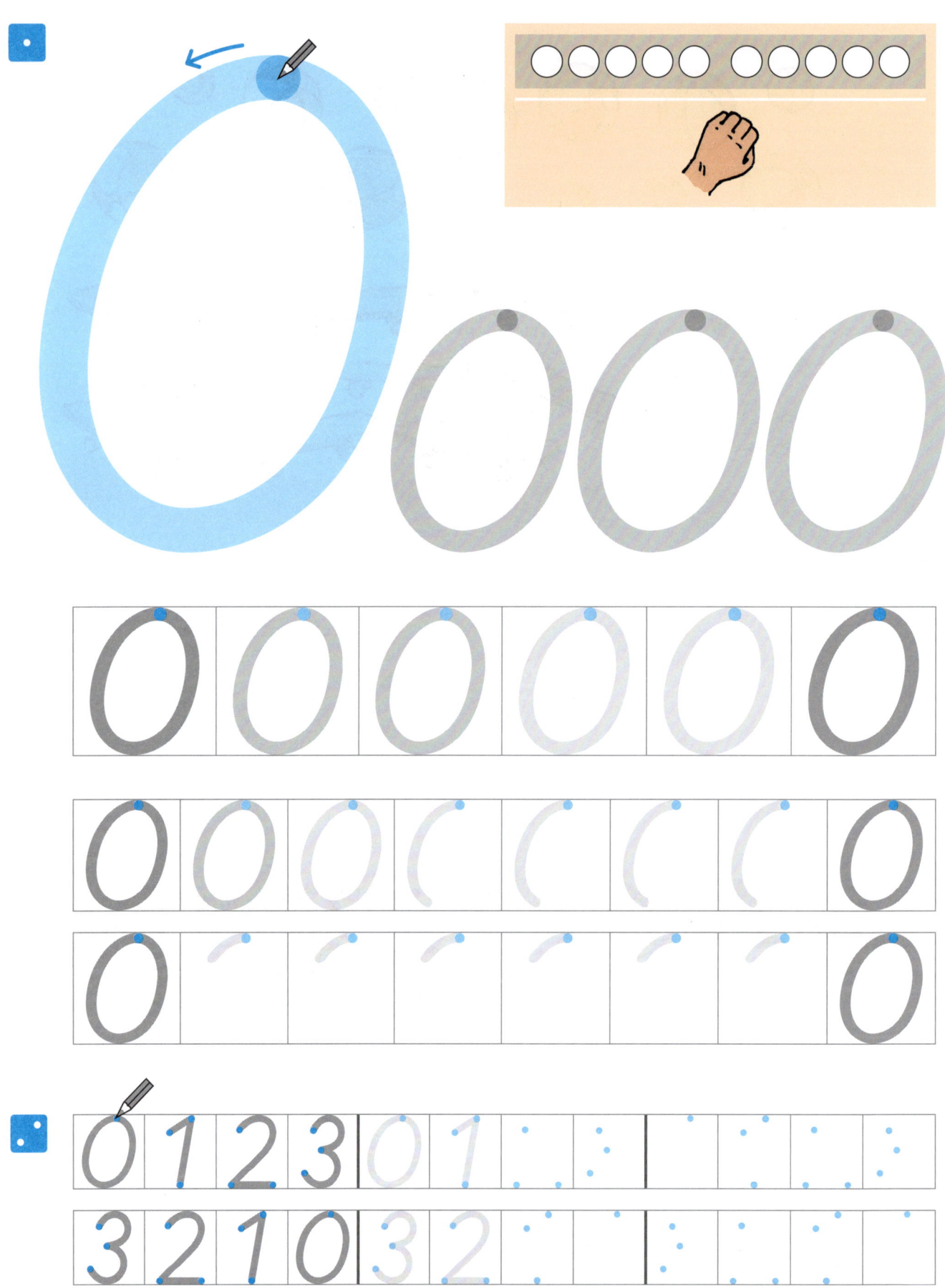

1 Ziffer 0 nachspuren, mihilfe der Orientierungspunkte
den Richtungsverlauf erkennen 2 Zahlenfolge vorwärts
und rückwärts fortsetzen

So gut kann ich die Aufgaben: ☑ ?

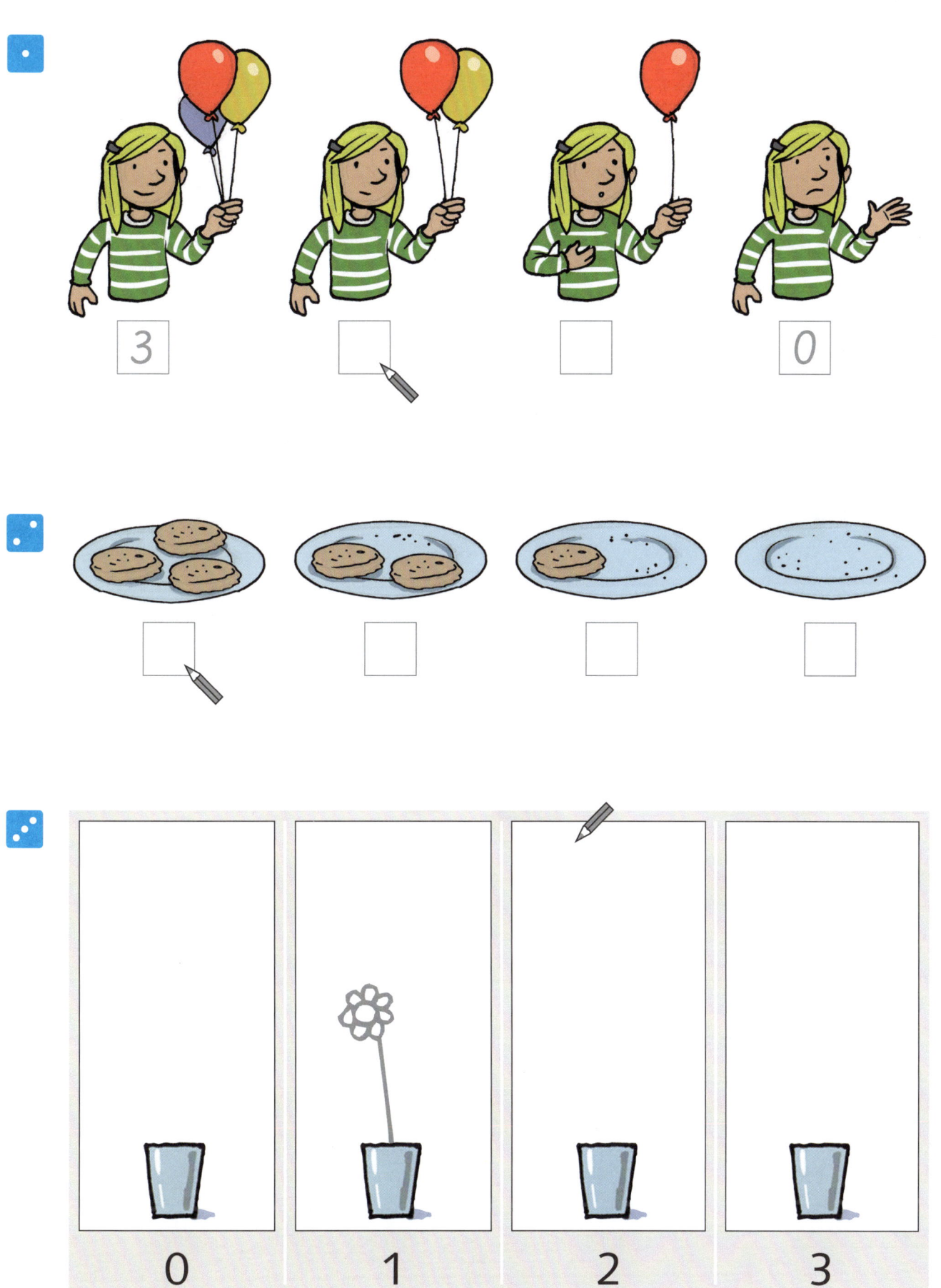

3 □ □ 0

□ □ □ □

0   1   2   3

Mengen und Zahlen bis 3

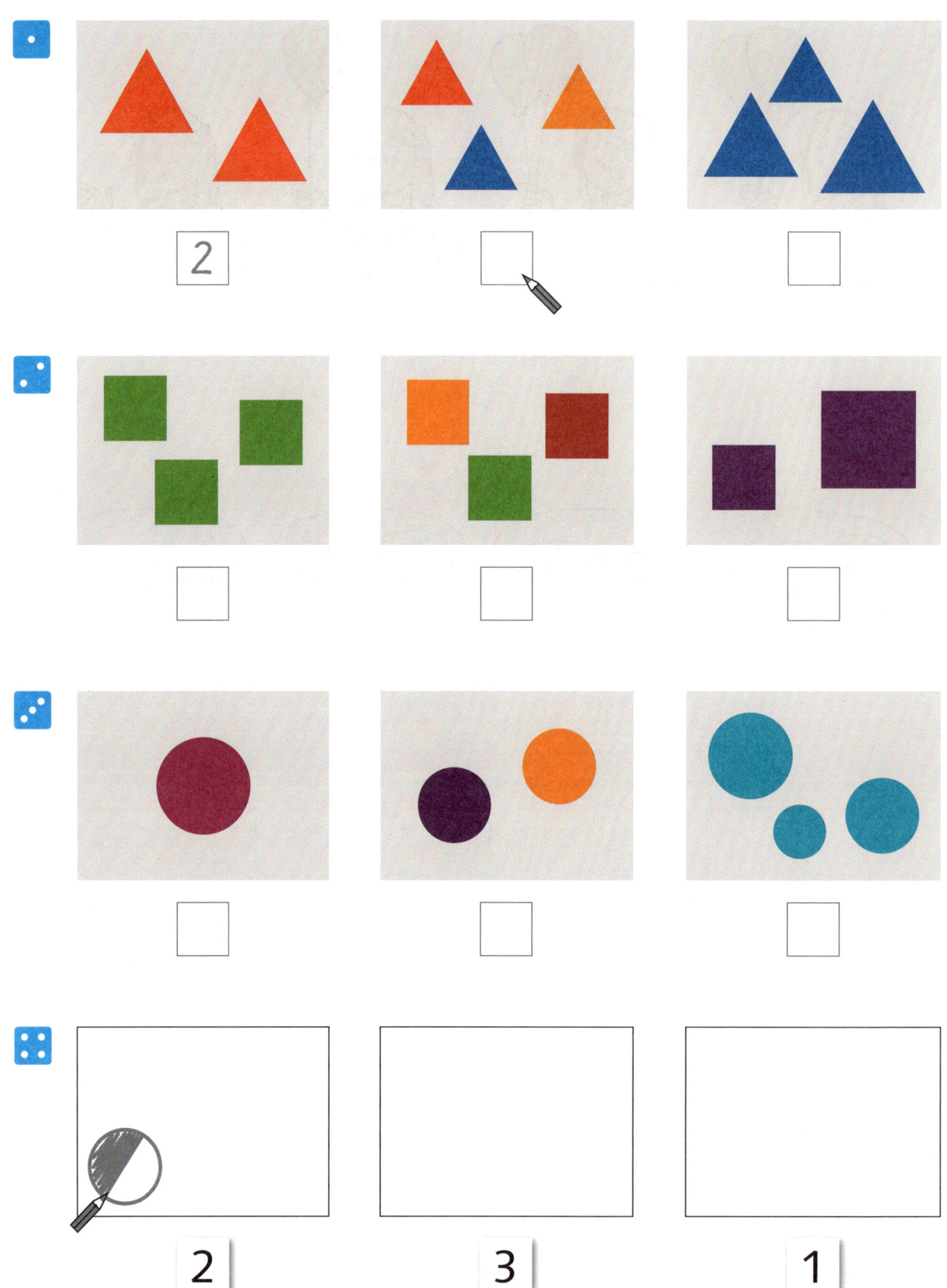

2

1–3 Anzahlen erfassen und notieren 4 Mengen darstellen

So gut kann ich die Aufgaben: ✓ ?

Ergänzen und wegstreichen

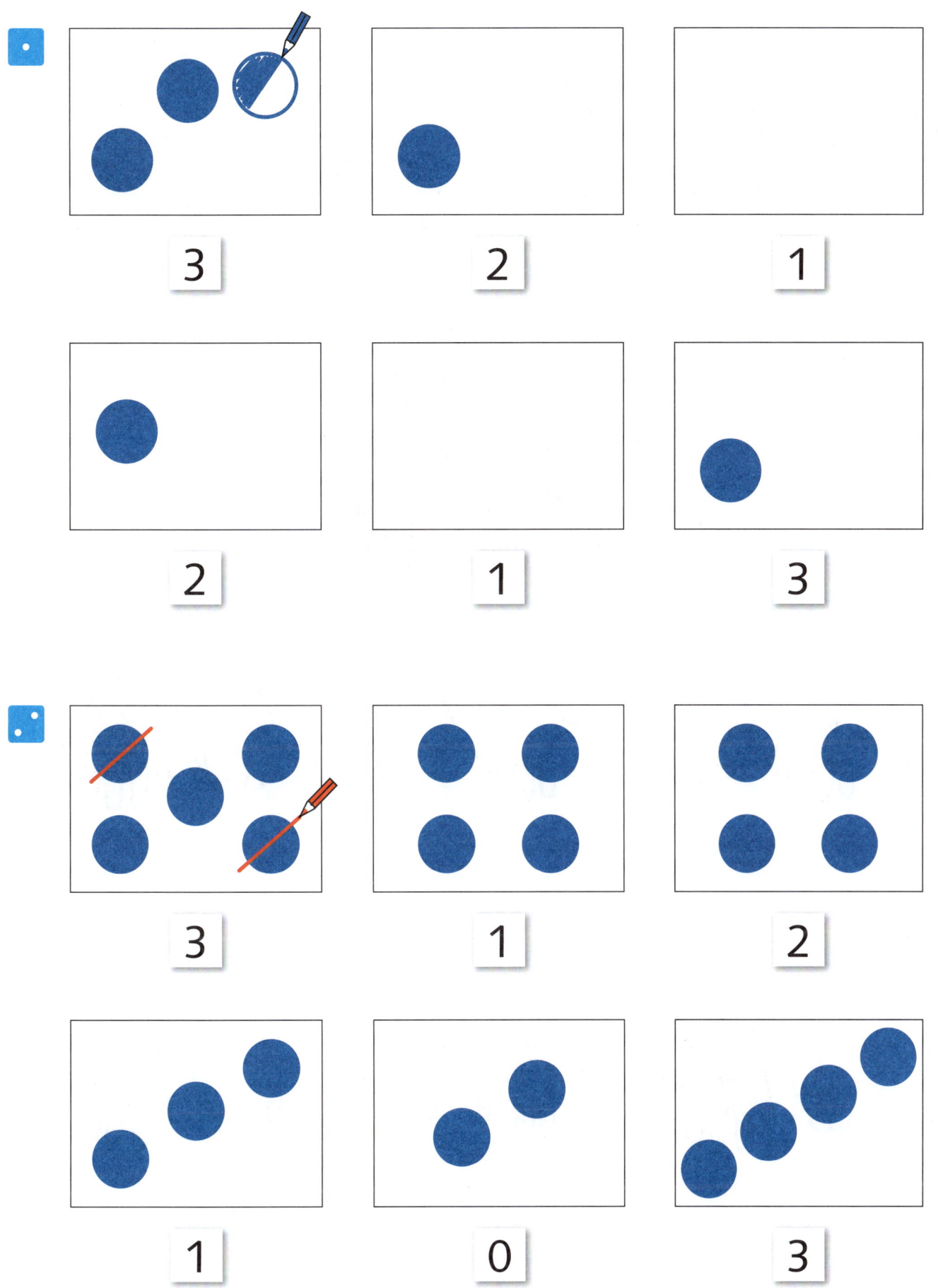

3   2   1

2   1   3

3   1   2

1   0   3

So gut kann ich die Aufgaben: ☑ ?

Zerlegen der Zahlen bis 3

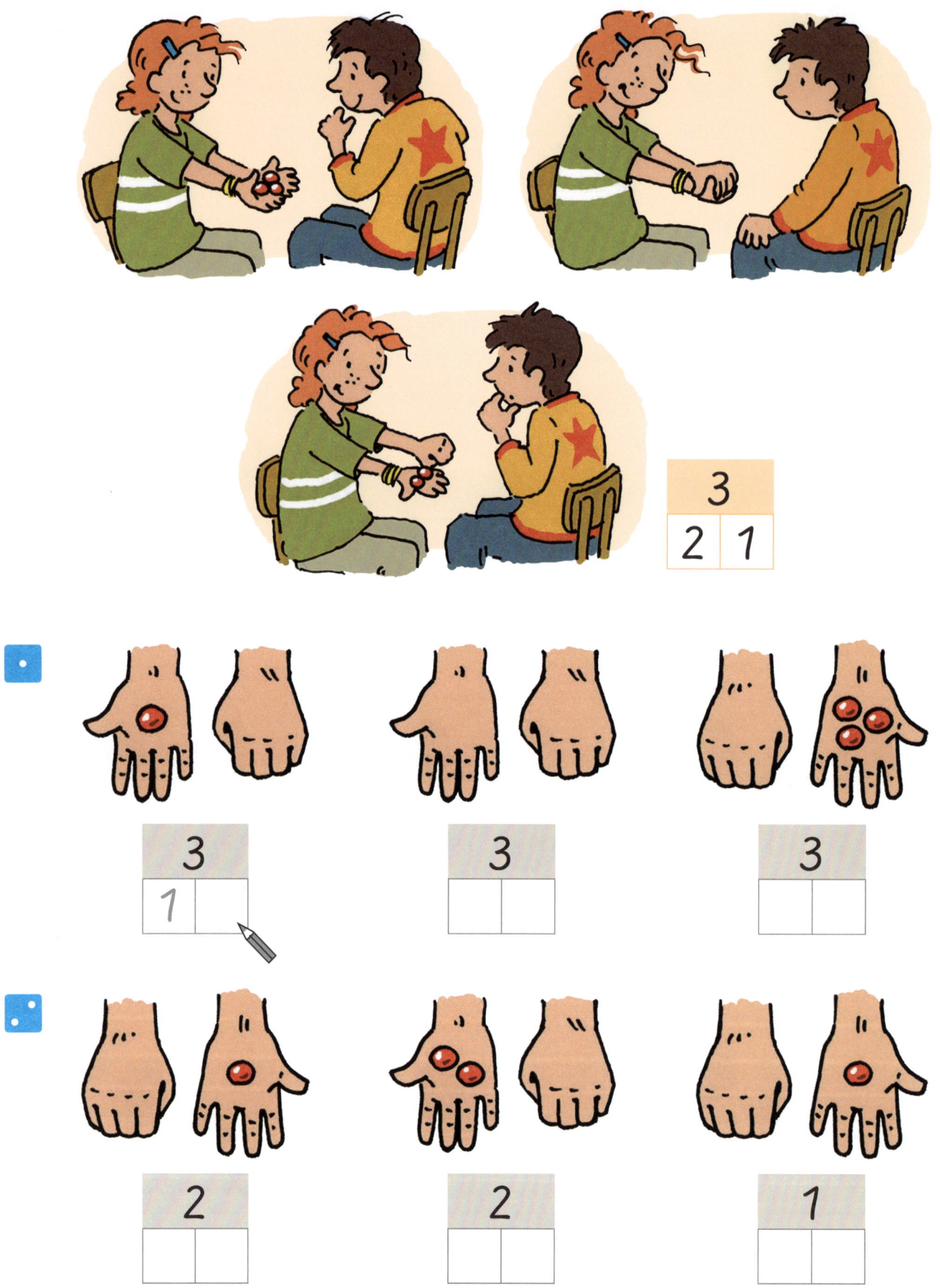

Zahlen bis 3 mit Murmeln oder Steinen in den Händen zerlegen

So gut kann ich die Aufgaben: ✓ ?

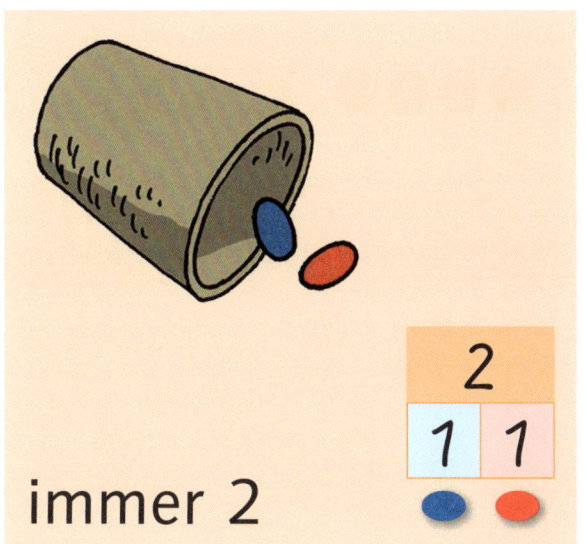

immer 2

2	
1	1

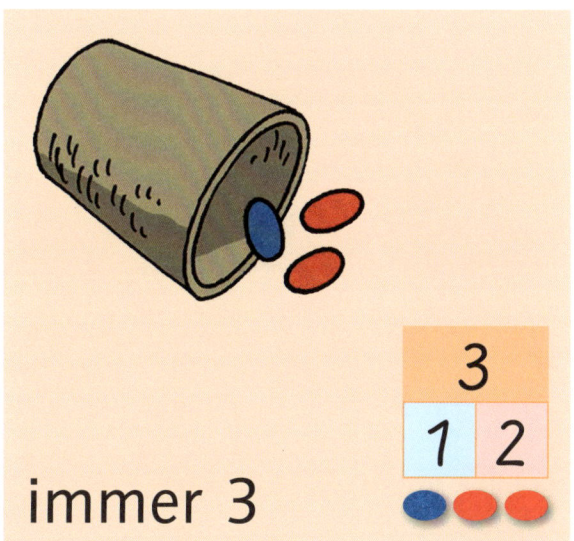

immer 3

3	
1	2

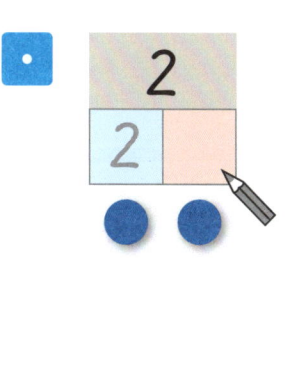

2	
2	

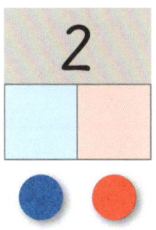

2	

2	

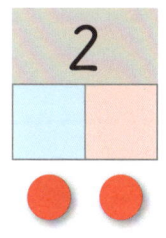

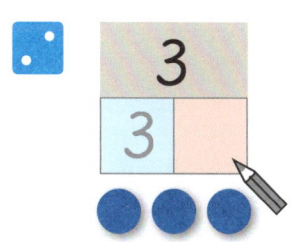

3	
3	

3	

3	

3	

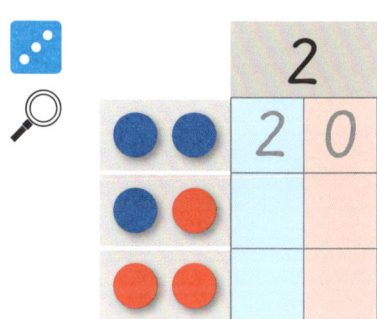

2	
2	0

3	
3	0

So gut kann ich die Aufgaben: ✓ ?

1, 2 Zahlen 2 und 3 mit Schütteldose und Wendeplättchen zerlegen, Zahlzerlegung notieren 3, 4 Zahlen systematisch zerlegen, Muster erkennen

15

Zahl 4

1 Ziffer 4 nachspuren, mihilfe der Orientierungspunkte
den Richtungsverlauf erkennen 2 Zahlenfolge vorwärts
und rückwärts fortsetzen

So gut kann ich die Aufgaben: ☑ ?

4

4

4

||||

4

1 Bündeln 2 Anzahl der Plättchen im Zehnerfeld erkennen und zeichnen 3 Menge erfassen, als Strichliste und Würfelbild darstellen, Ziffer notieren

Zahl 5

1. 2.

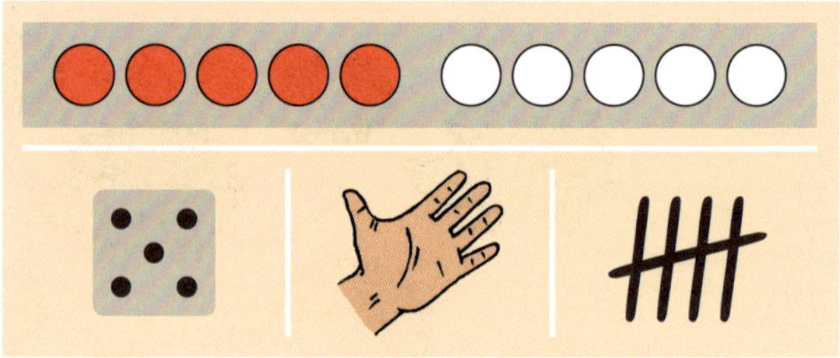

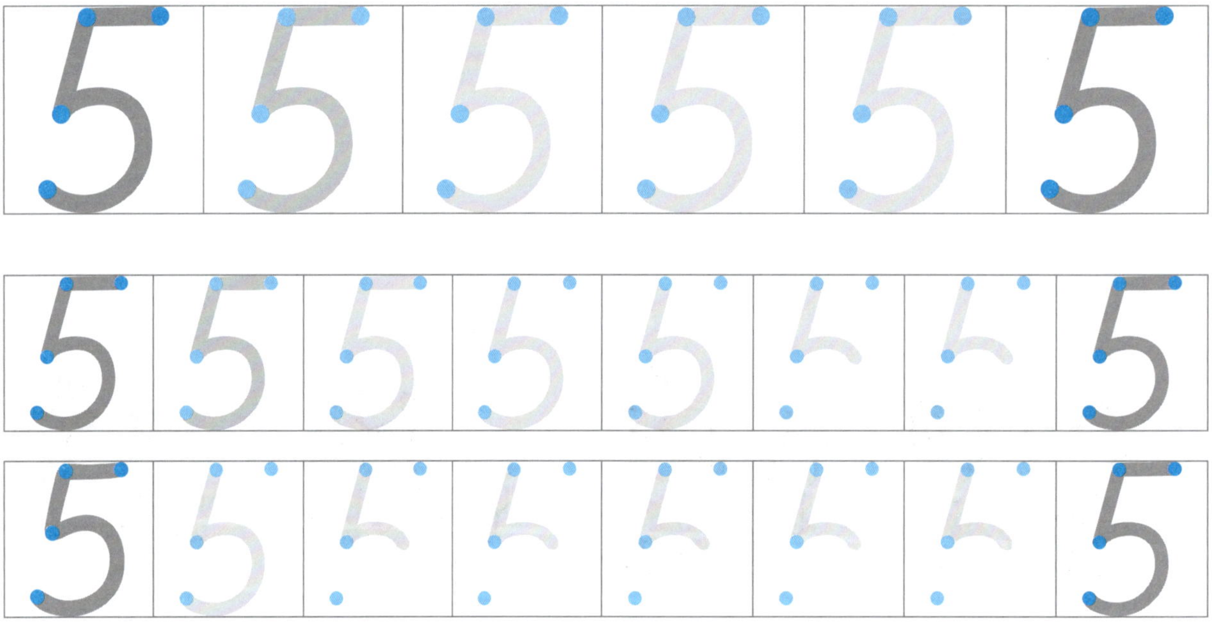

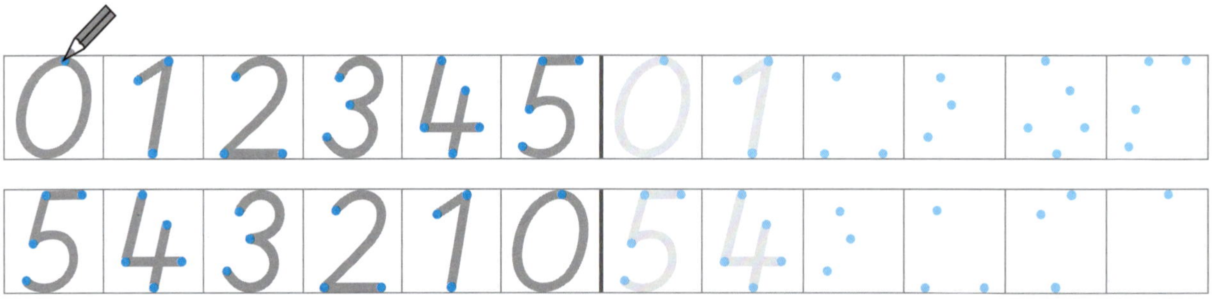

5 5 5 5

5 5 5 5 5 5

5 5 5 5 5 5 5

5 5 5 5 5 5 5

0 1 2 3 4 5 0 1

5 4 3 2 1 0 5 4

1 Ziffer 5 nachspuren, mihilfe der Orientierungspunkte
den Richtungsverlauf erkennen 2 Zahlenfolge vorwärts
und rückwärts fortsetzen

So gut kann ich die Aufgaben: ✓ ?

1 Bündeln 2 Anzahl der Plättchen im Zehnerfeld erkennen und zeichnen 3 Menge erfassen, als Strichliste und Würfelbild darstellen, Ziffer notieren

Mengen und Zahlen bis 6

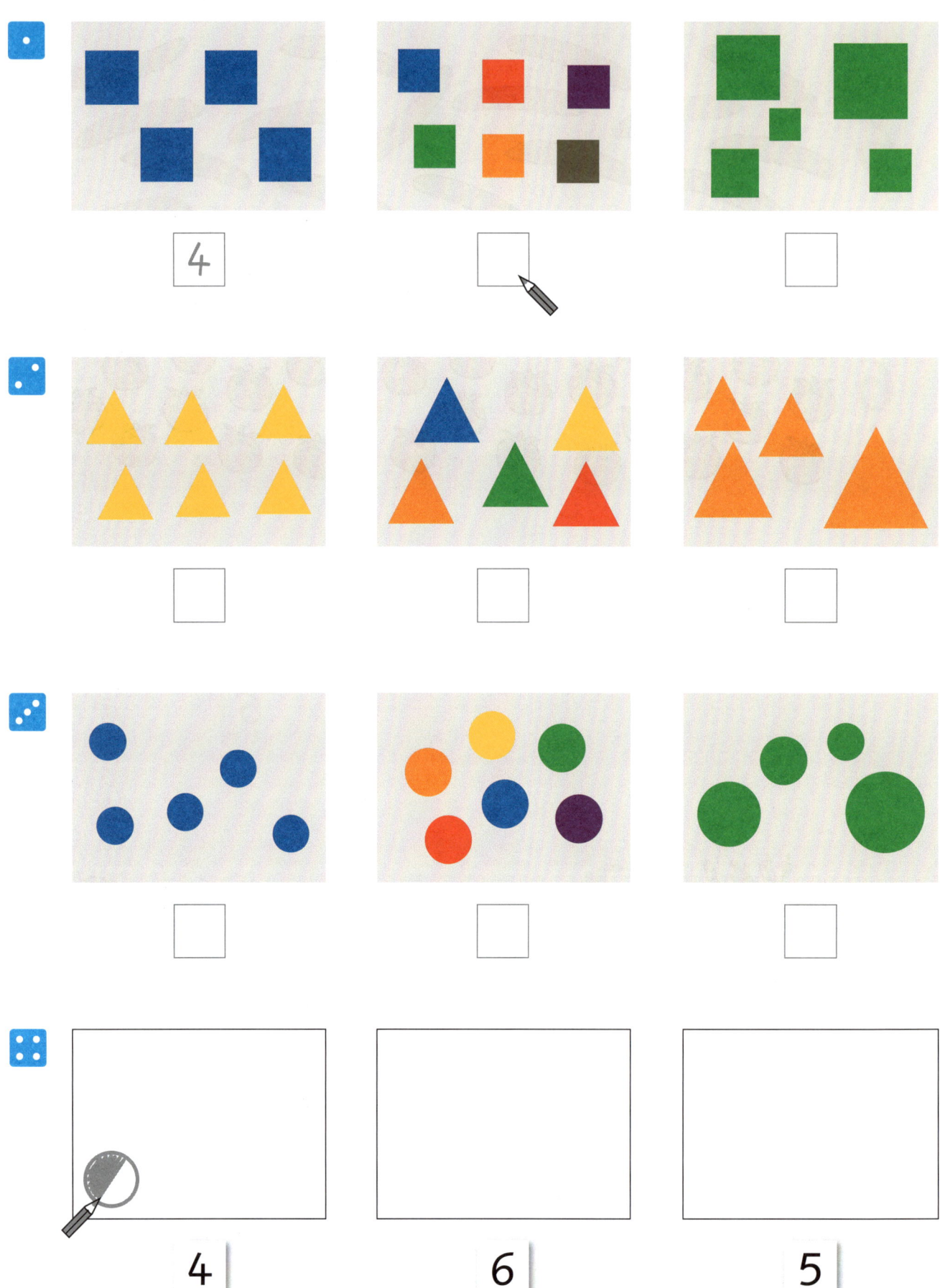

4

1–3 Anzahlen erfassen und notieren 4 Mengen darstellen

So gut kann ich die Aufgaben: ✓ ?

Ergänzen und wegstreichen

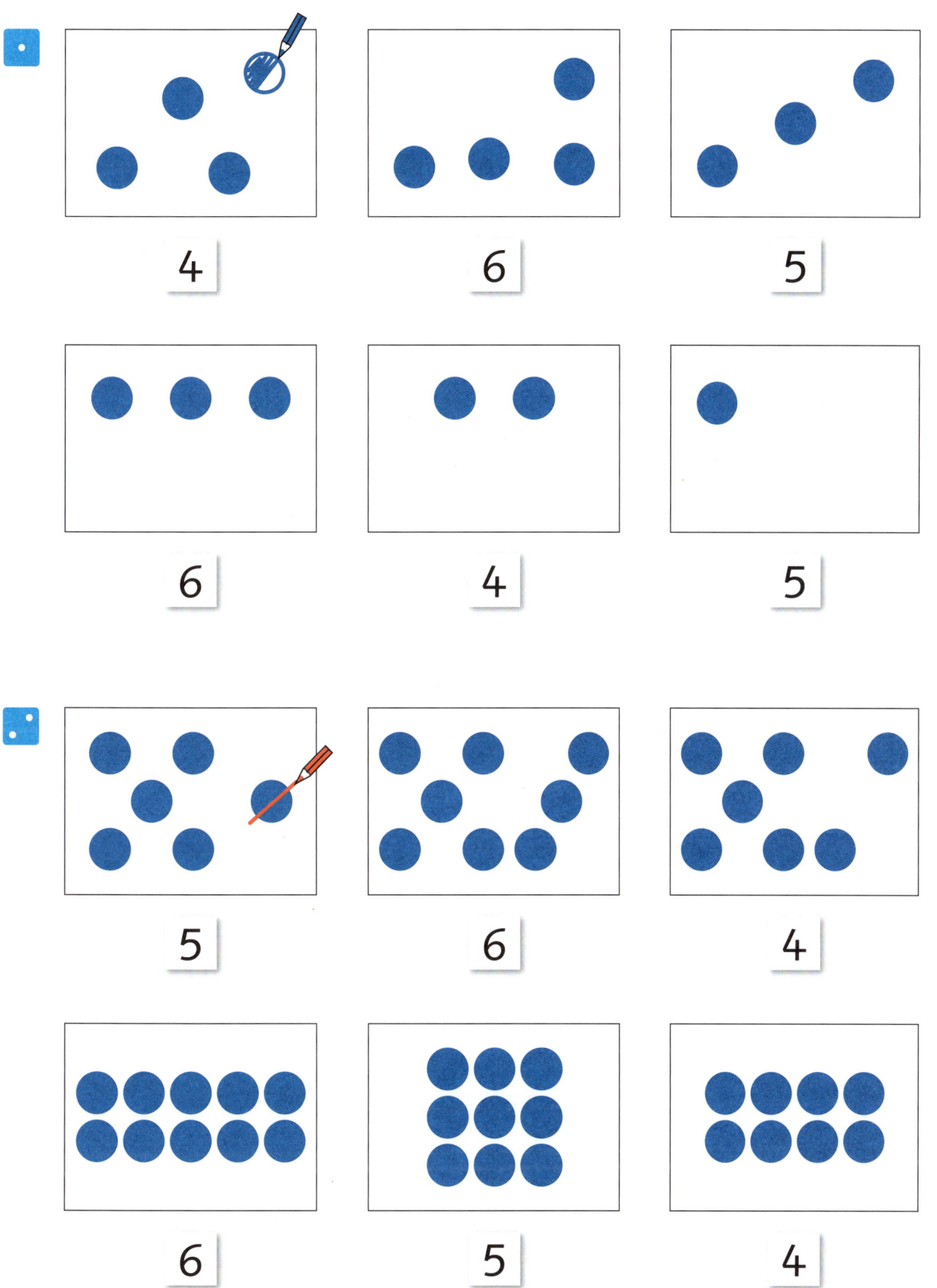

1 Mengen darstellen, Plättchen ergänzen 2 Mengen darstellen, Plättchen wegstreichen

Mengen und Zahlen bis 6 am Zehnerfeld

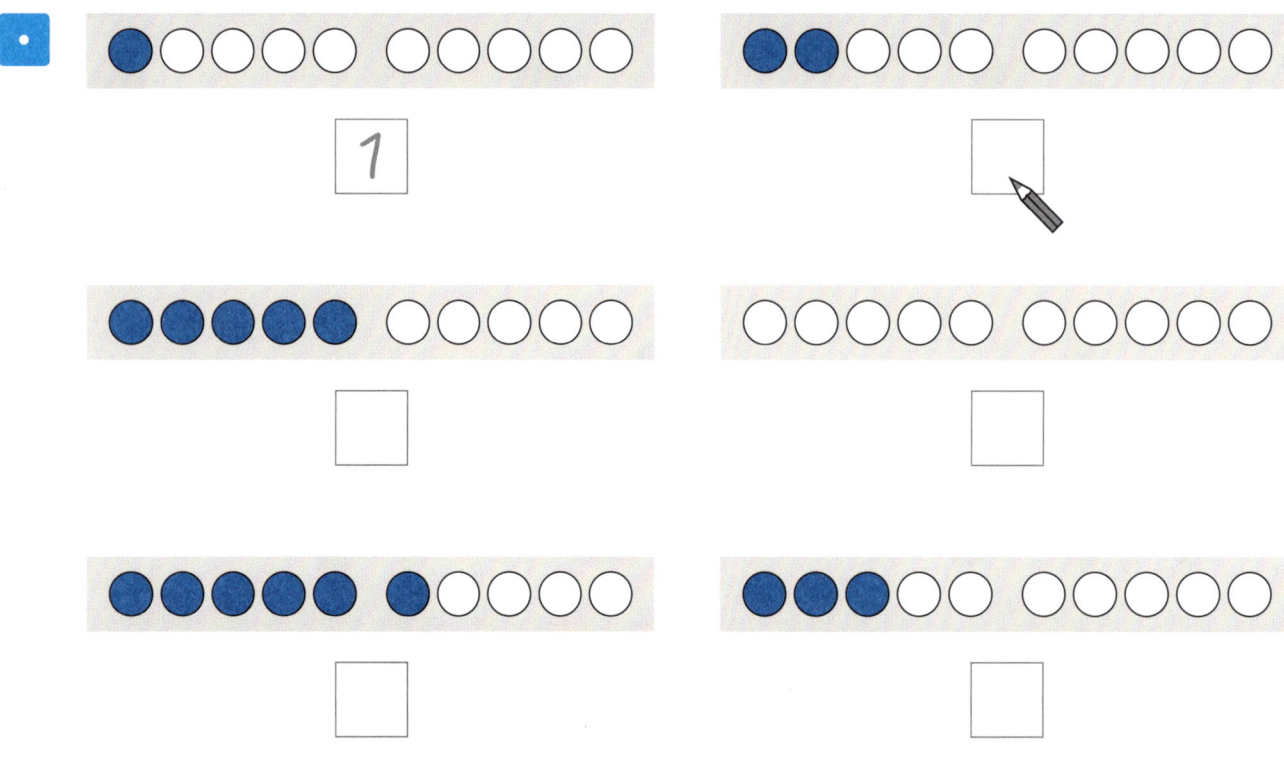

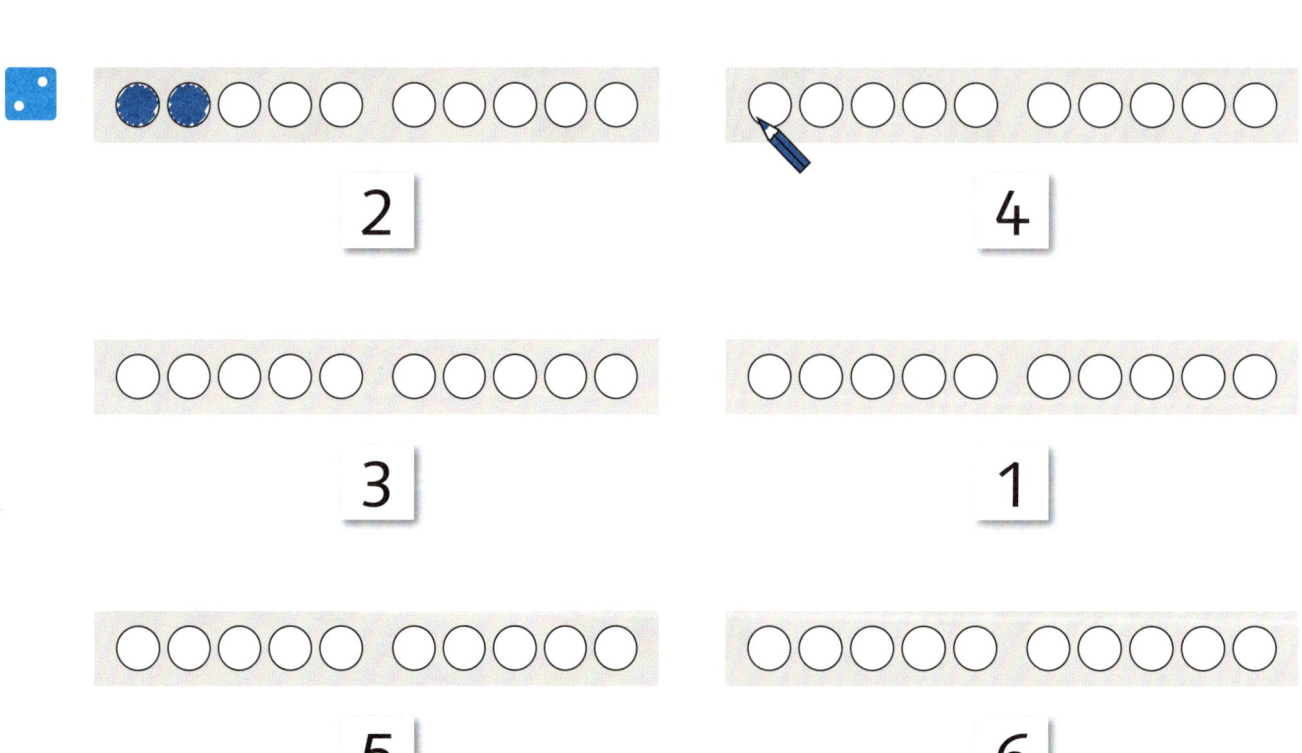

1 Anzahlen erfassen und notieren 2 Mengen am Zehnerfeld darstellen

So gut kann ich die Aufgaben: ☑ ?

Ergänzen und wegstreichen am Zehnerfeld

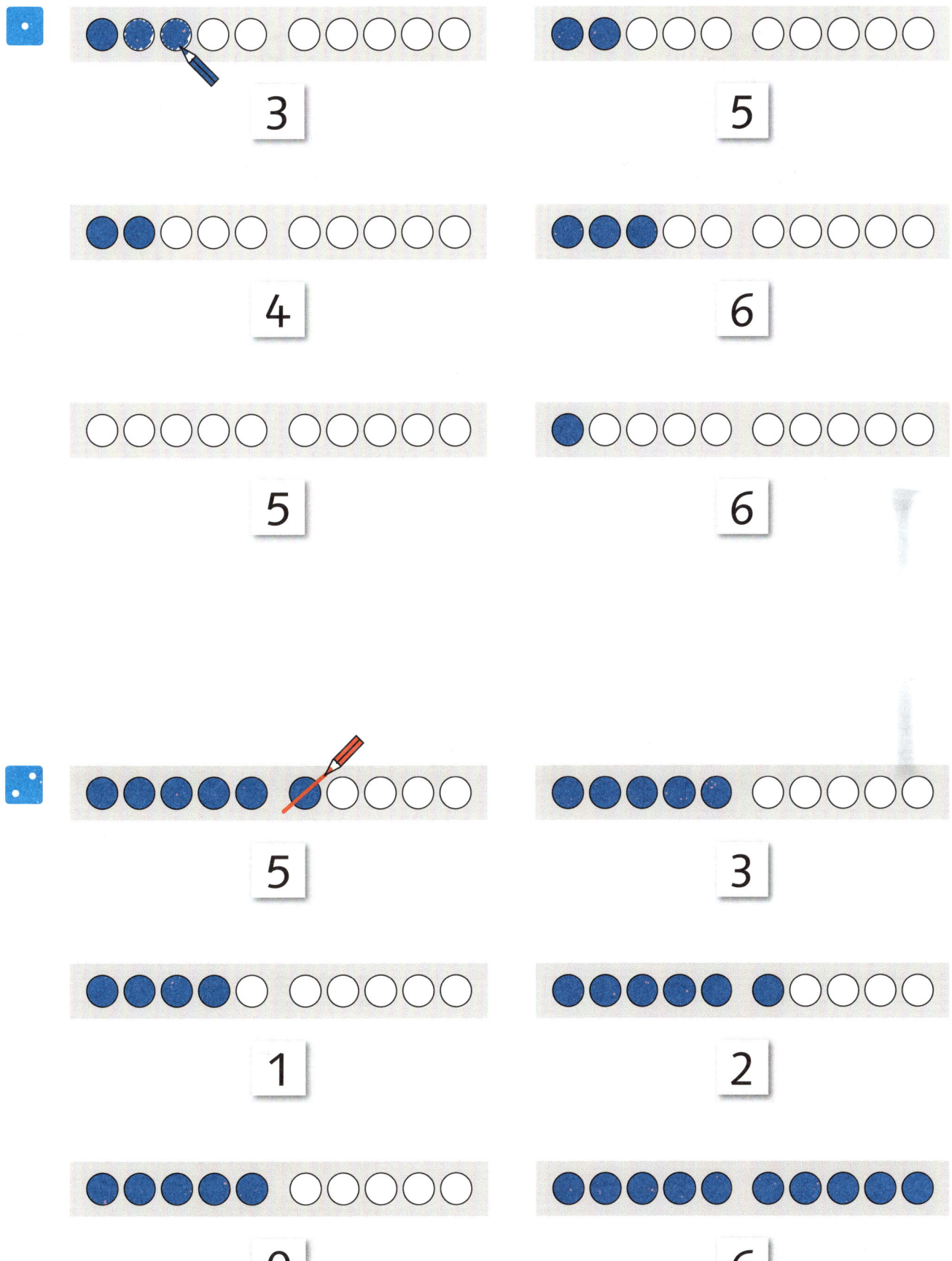

Zerlegen der Zahlen 4 und 5

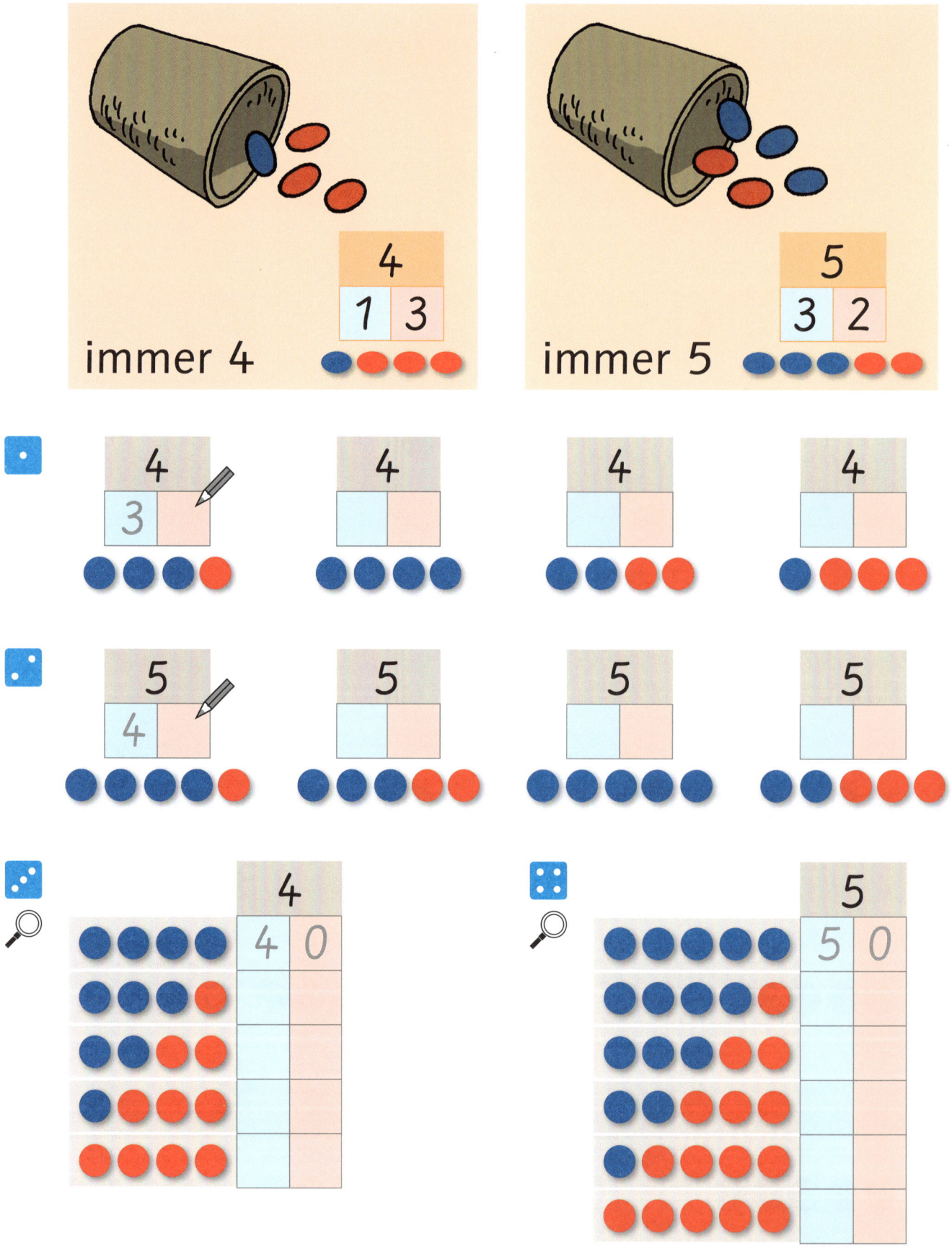

immer 4

immer 5

1, 2 Zahlen 4 und 5 mit Schütteldose und Wendeplättchen zerlegen, Zahlzerlegung notieren 3, 4 Zahlen systematisch zerlegen, Muster erkennen

So gut kann ich die Aufgaben: ✓ ?

Zerlegen der Zahl 6

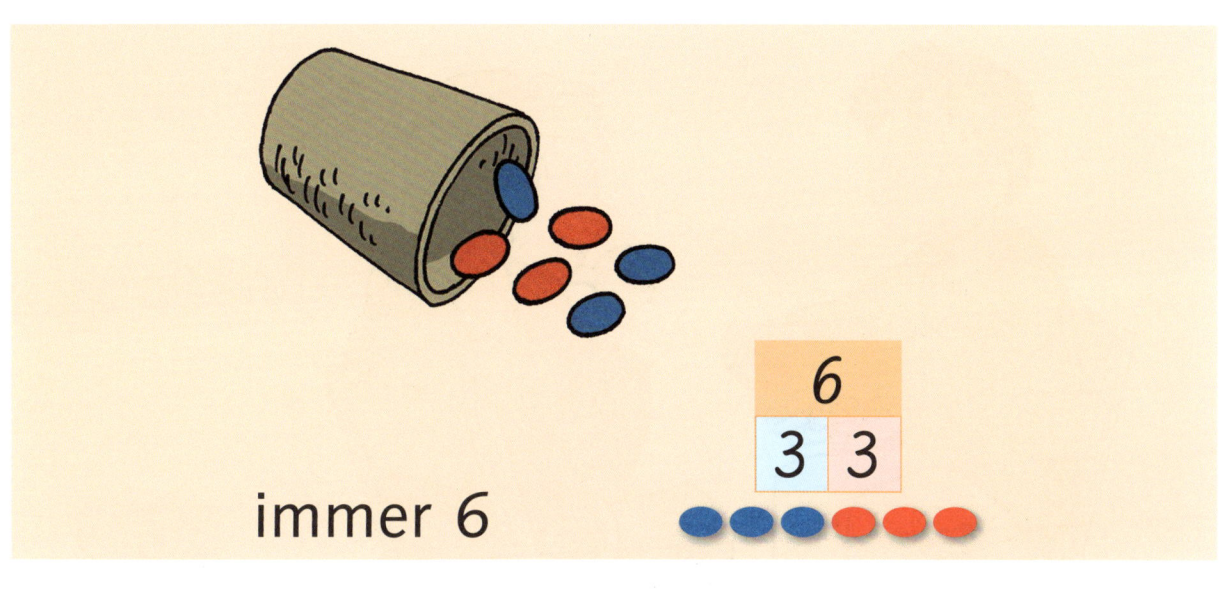

immer 6

6	
3	3

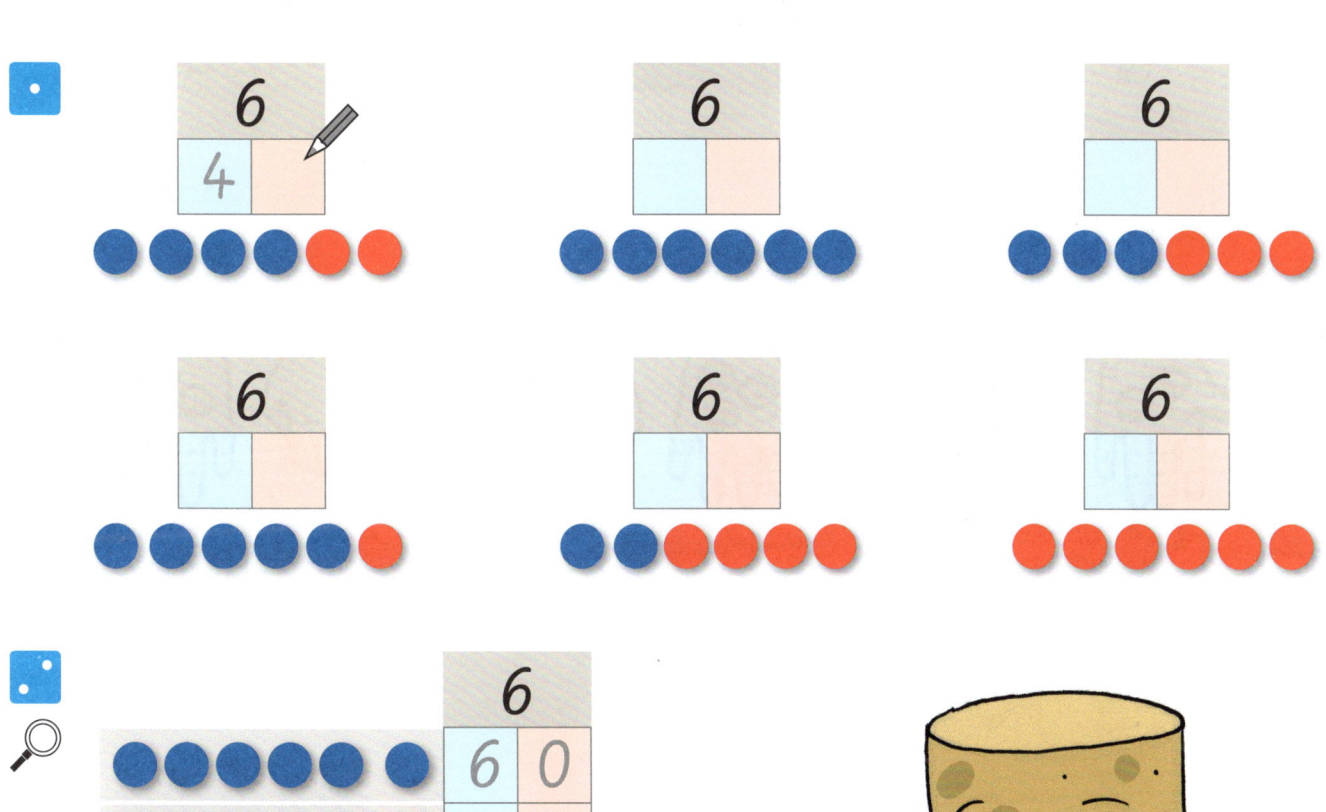

6	
4	

6	

6	

6	

6	

6	

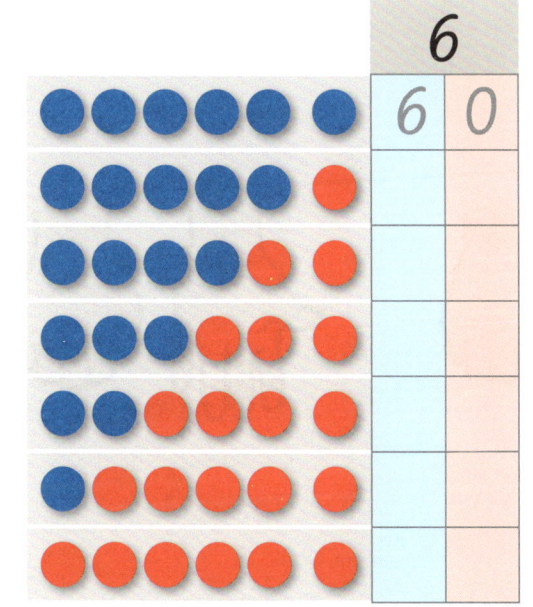

6	
6	0

So gut kann ich die Aufgaben: ☑ ?

1 Zahl 6 mit Schütteldose und Wendeplättchen zerlegen, Zahlzerlegung notieren 2 Zahl 6 systematisch zerlegen, Muster erkennen

27

Zerlegen der Zahlen bis 6

6	
4	2

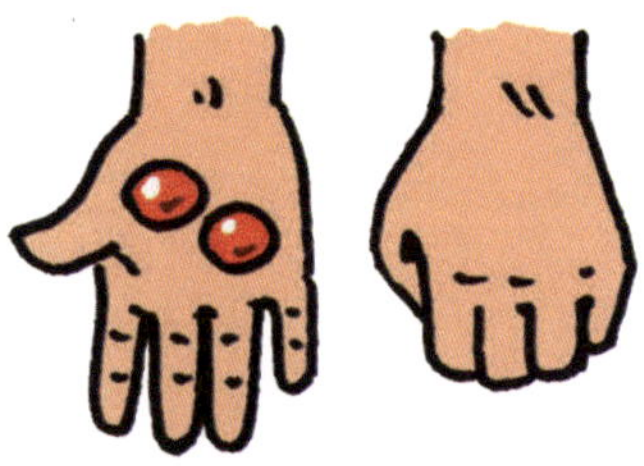

•

6	
2	

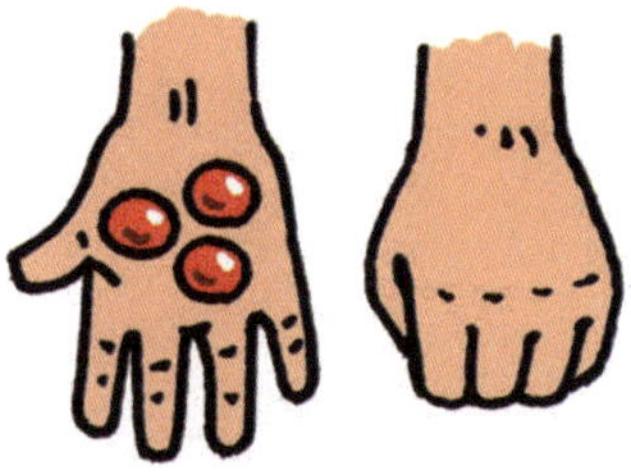

5	

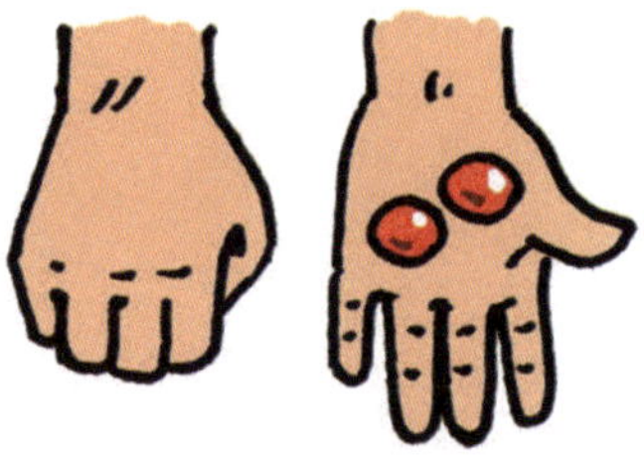

6	

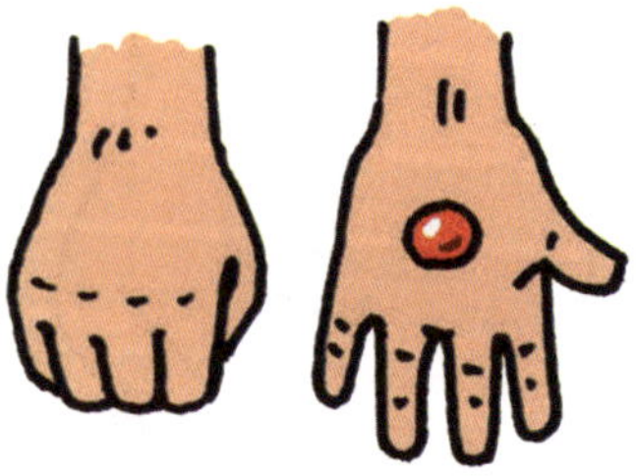

∶

5	

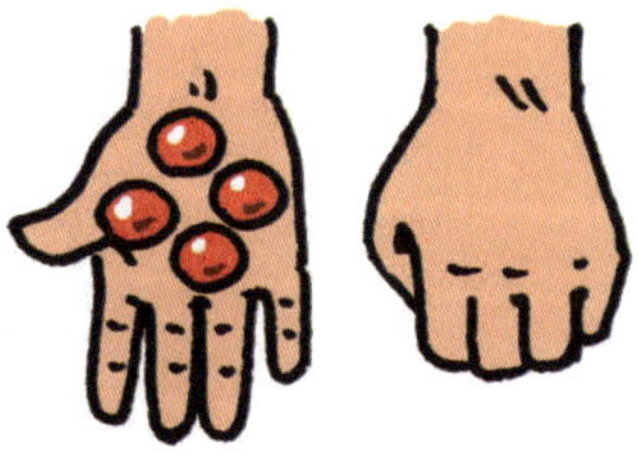

4	

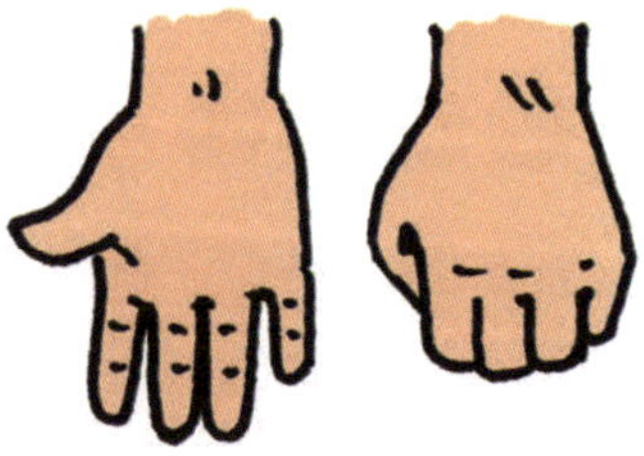

4	

Zahlen bis 6 mit Murmeln oder Steinen in den Händen zerlegen

So gut kann ich die Aufgaben: ☑ ?

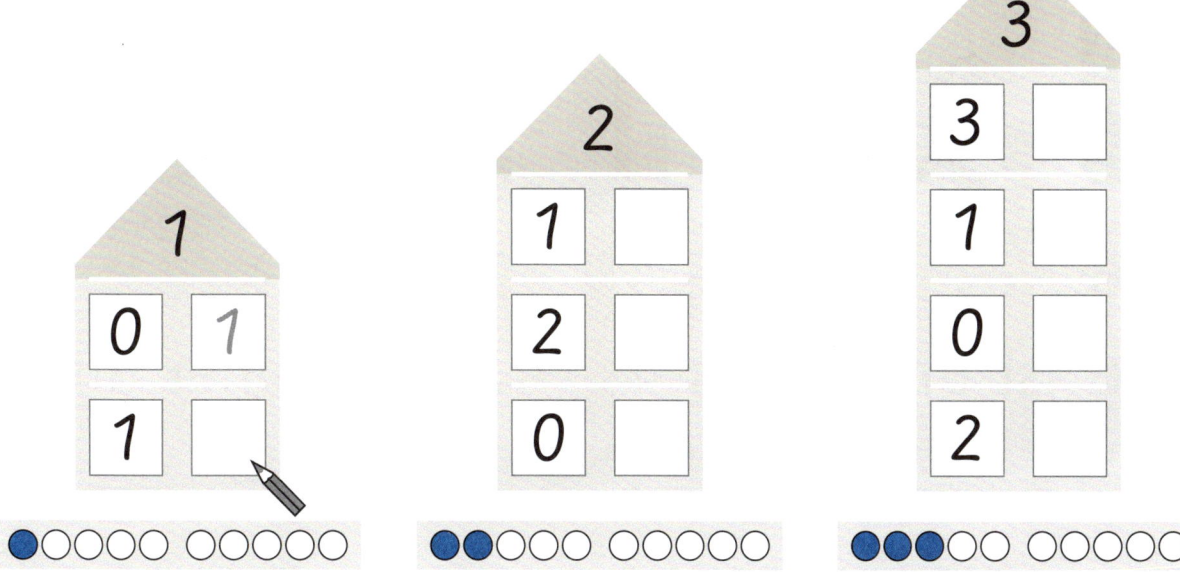

Größer – kleiner

6	>	4
6 ist größer als 4		

2	<	5
2 ist kleiner als 5		

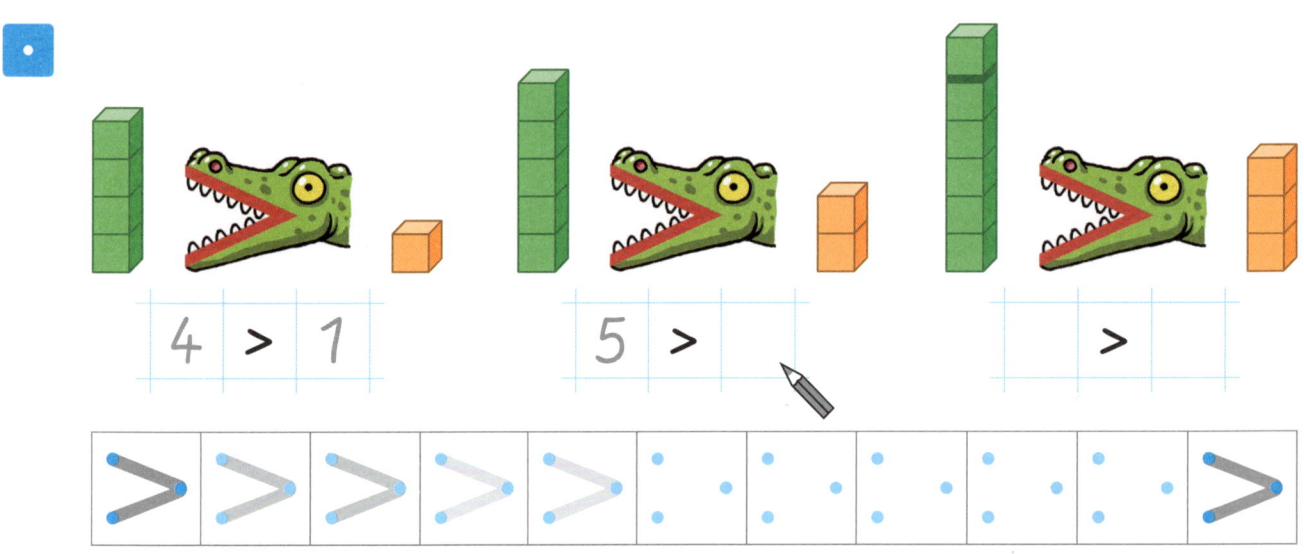

4 > 1   5 >   >

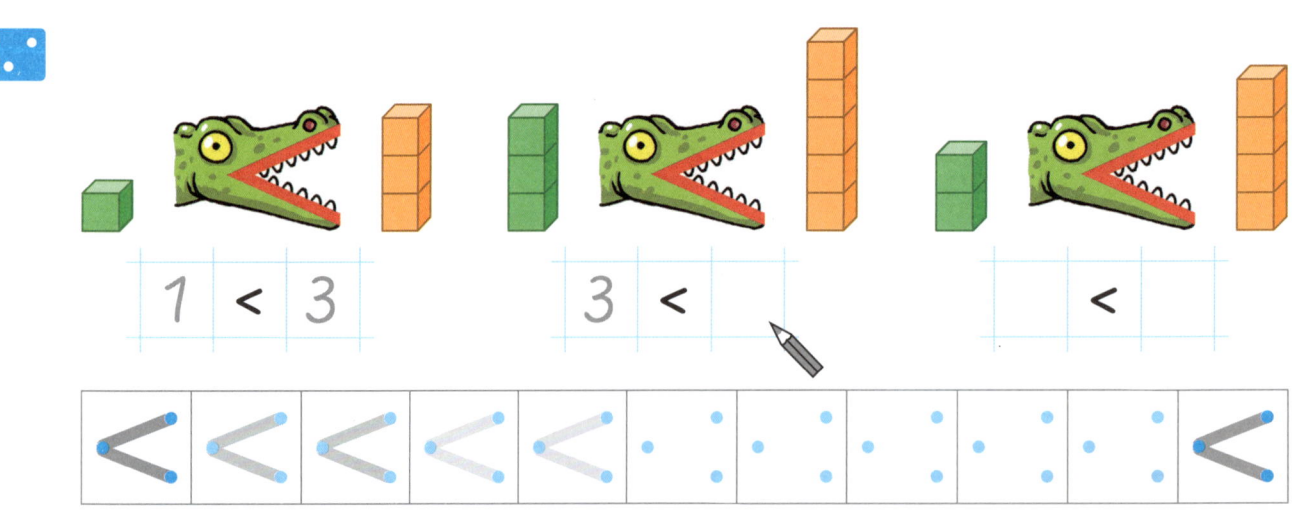

1 < 3   3 <   <

Symbole <, > kennenlernen, nachspuren, verwenden

So gut kann ich die Aufgaben: ✓ ?

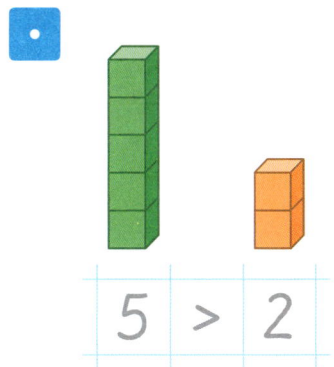

5 > 2

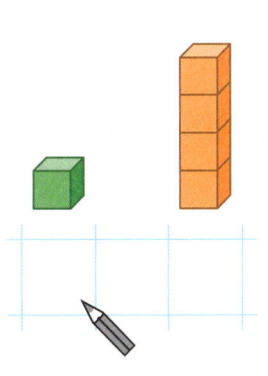

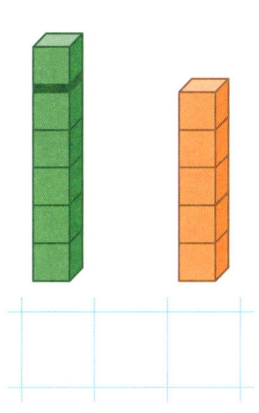

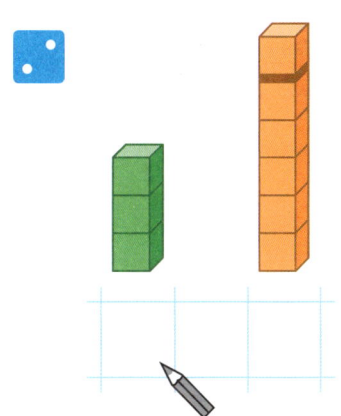

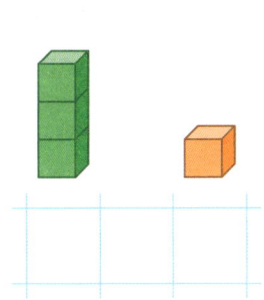

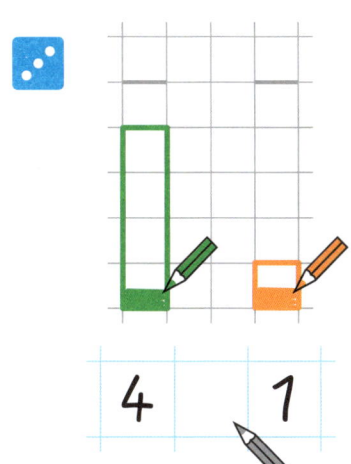

4   1

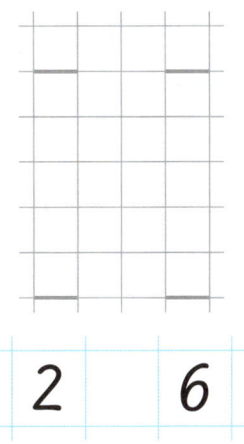

2   6

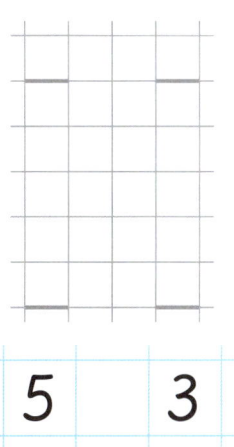

5   3

Gleich

5   =   5

5 ist gleich 5

•

6 = 6   ☐ = ☐   ☐ = ☐

∴

∴∴

Symbol = kennenlernen, nachspuren, verwenden

So gut kann ich die Aufgaben: ✓ ?

Größer >, kleiner <, gleich =

| 4 | 3 |

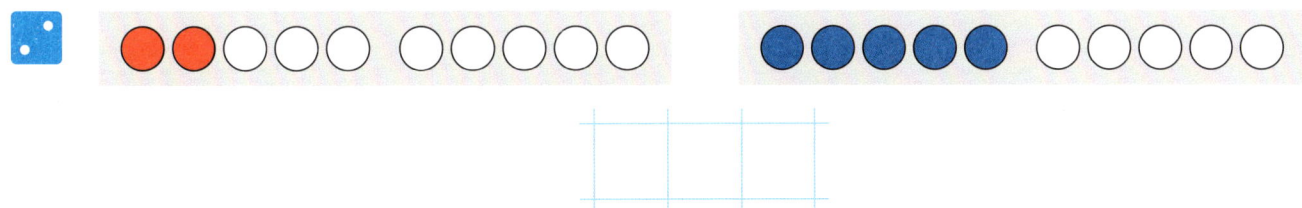

| | |

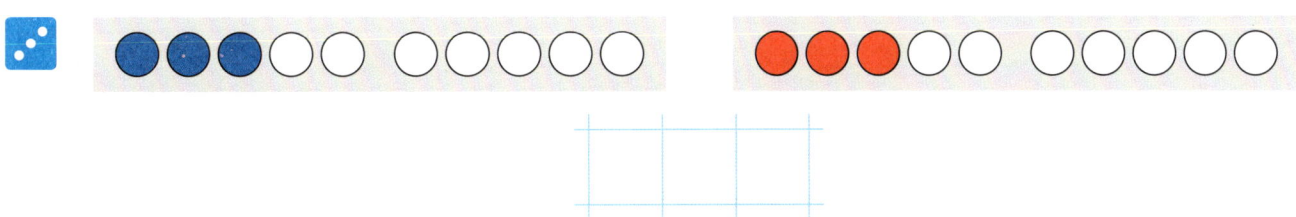

| | |

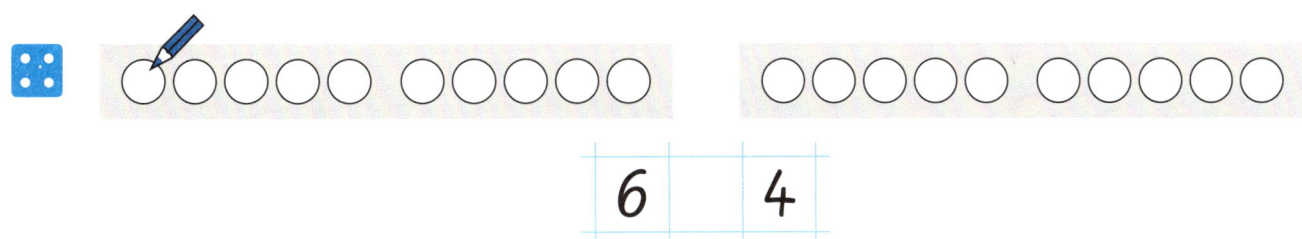

| 6 | 4 |

| 5 | 5 |

| 0 | 6 |

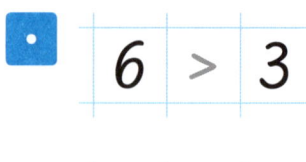 6 > 3 |  5   6 | 2   2 | 3   0

4   4 | 3   2 | 0   3 | 2   5

2   4 | 1   1 | 5   3 | 0   4

3   5 | 2   0 | 2   3 | 6   5

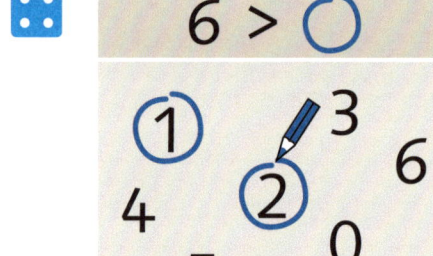

6 > ◯
1 3
  2 6
4
5 0

4 > ◯
6 0
2 1 5
3   4

5 > ◯
0 4 3
      2
1 6 5

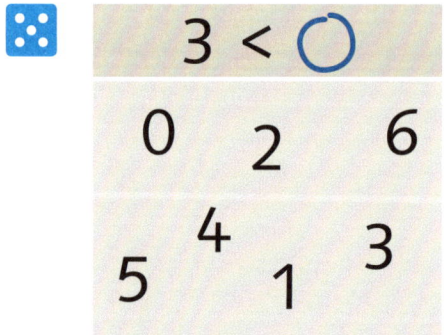

3 < ◯
0 2 6
  4 3
5 1

1 < ◯
6 0 5
  2 1
    3 4

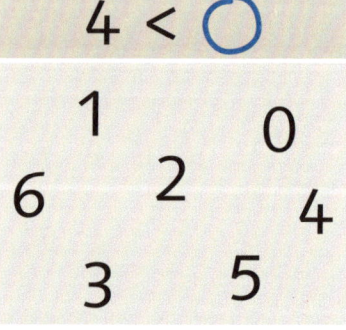

4 < ◯
1 0
6 2 4
3 5

1, 2 Zahlen vergleichen 3 eigene Vergleiche finden
4, 5 passende Zahlen einkreisen

So gut kann ich die Aufgaben: ✓ ?

Zahlen bis 6

 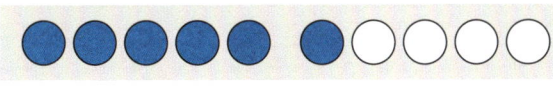 

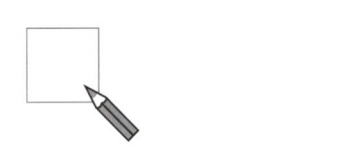 

3   5

 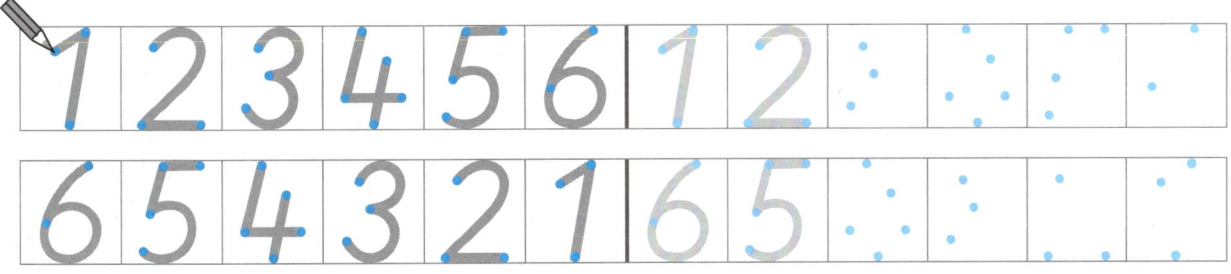

1 2 3 4 5 6 | 1 2

6 5 4 3 2 1 | 6 5

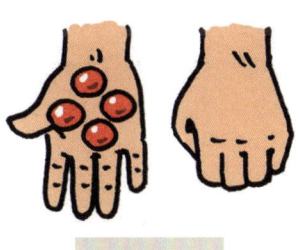 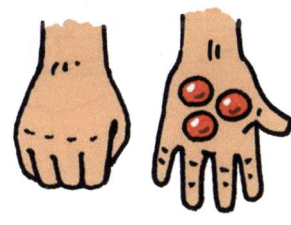 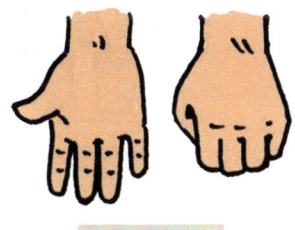

6   5   4

| 4 | < | 6 | | 3 | | 3 | | 0 | | 1 | | 4 | | 5 |
| 2 | | 0 | | 6 | | 6 | | 6 | | 5 | | 4 | | 2 |

Zahlen bis 10

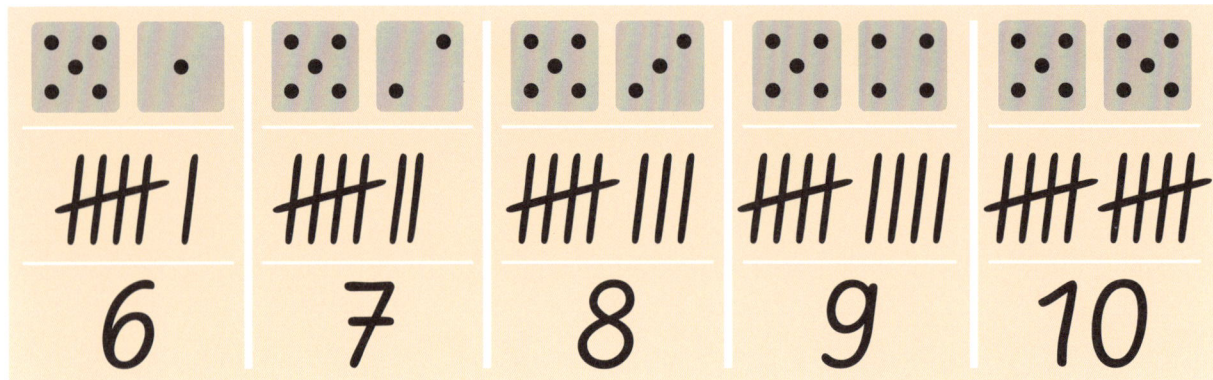

Gegenstände im Bild suchen und zählen, Strichlisten und Würfelbilder ergänzen

So gut kann ich die Aufgaben: ☑ ?

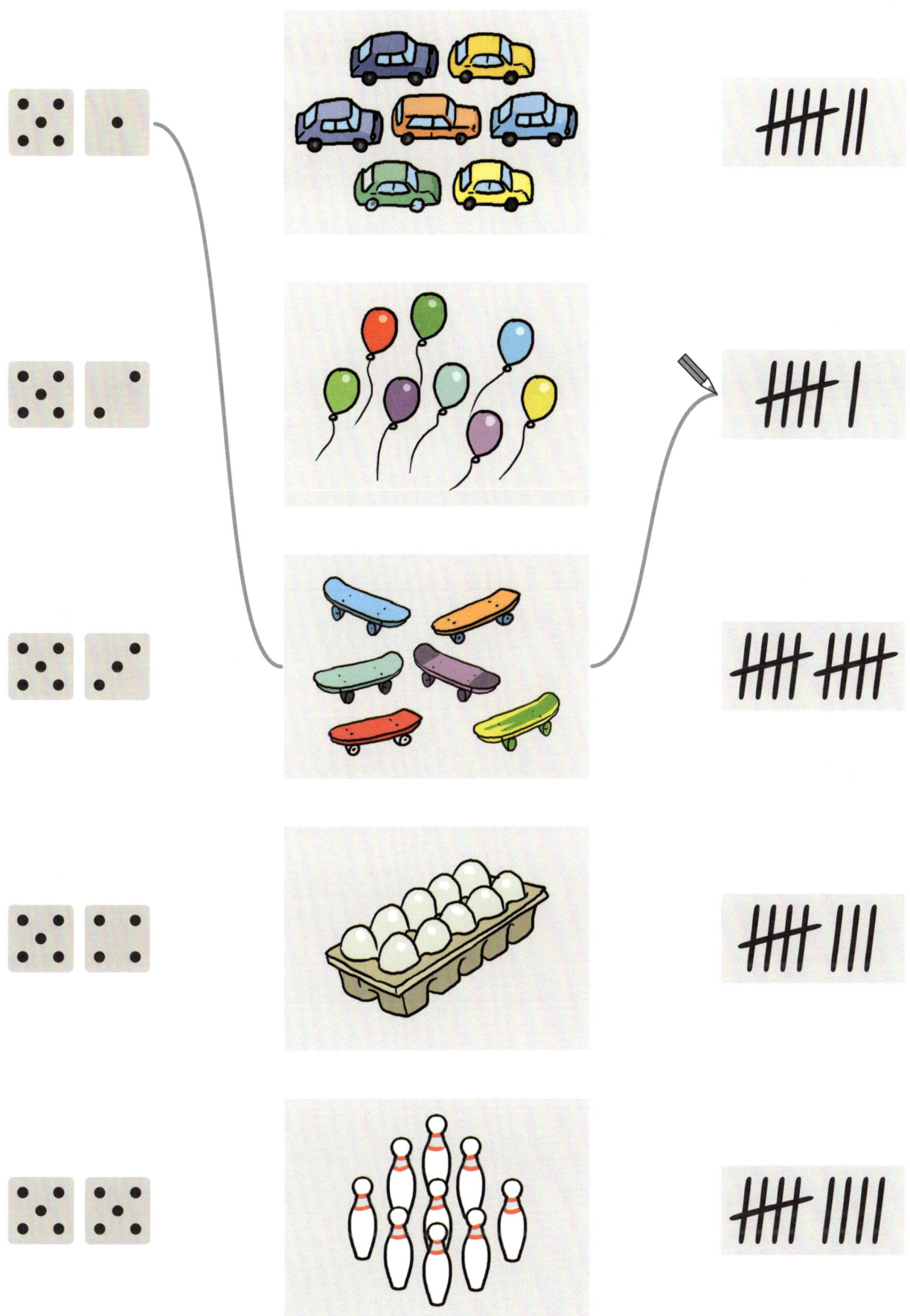

Zahl 7

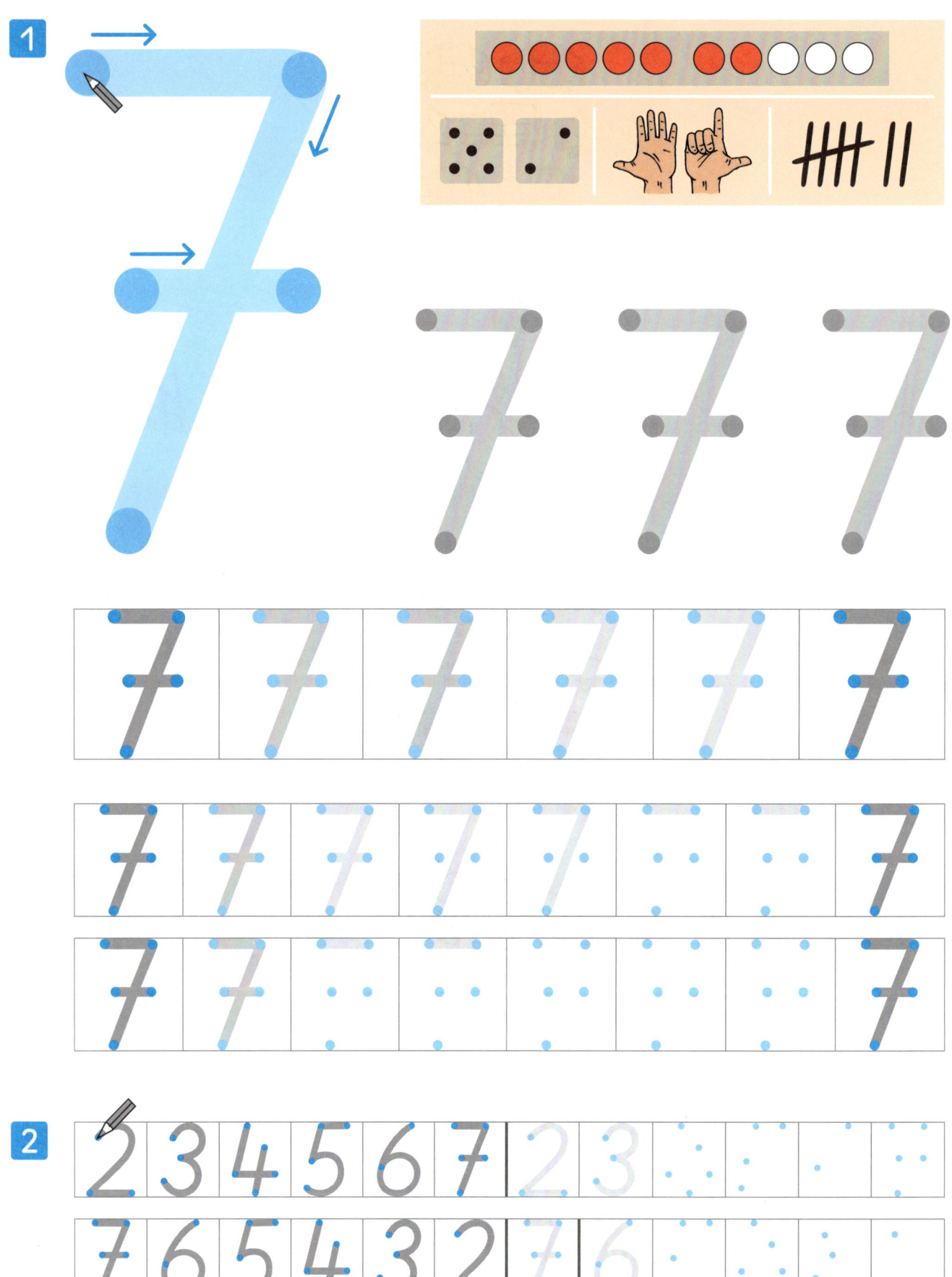

1 Ziffer 7 nachspuren, mihilfe der Orientierungspunkte
den Richtungsverlauf erkennen 2 Zahlenfolge vorwärts
und rückwärts fortsetzen

So gut kann ich die Aufgaben: ✓ ?

1

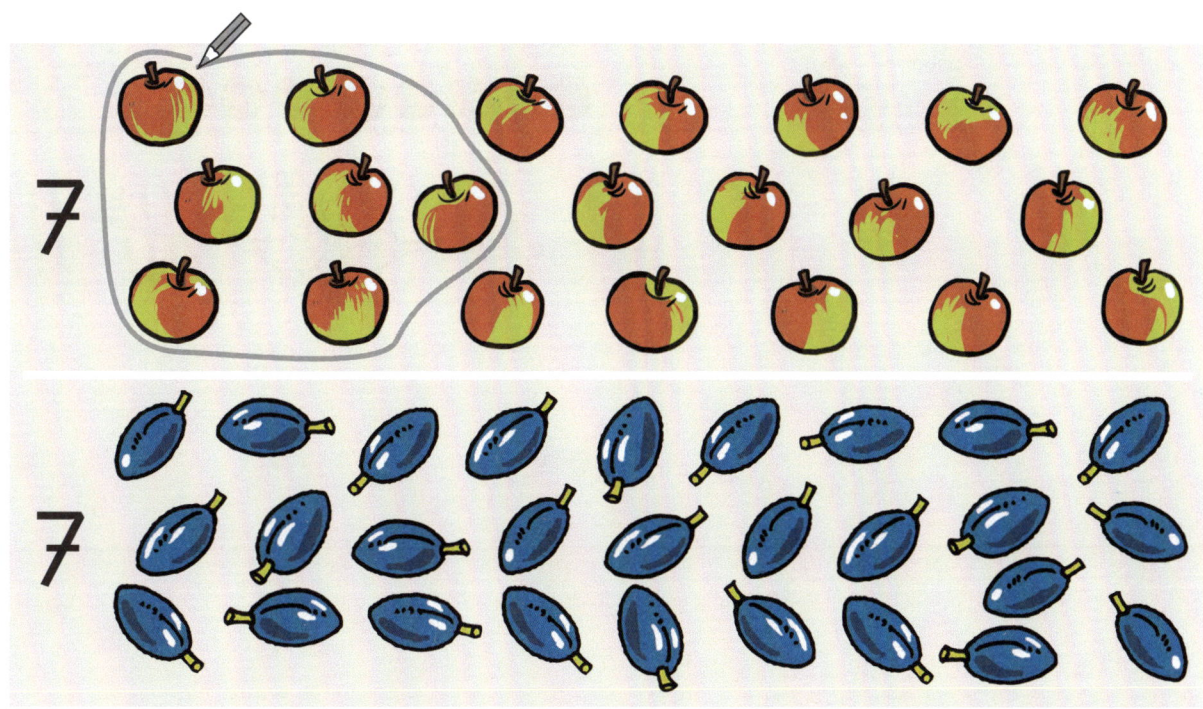

2

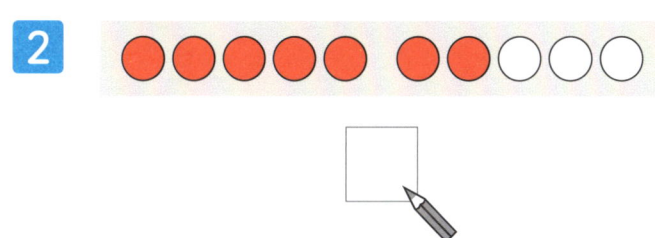

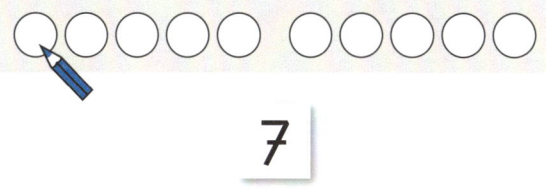

3

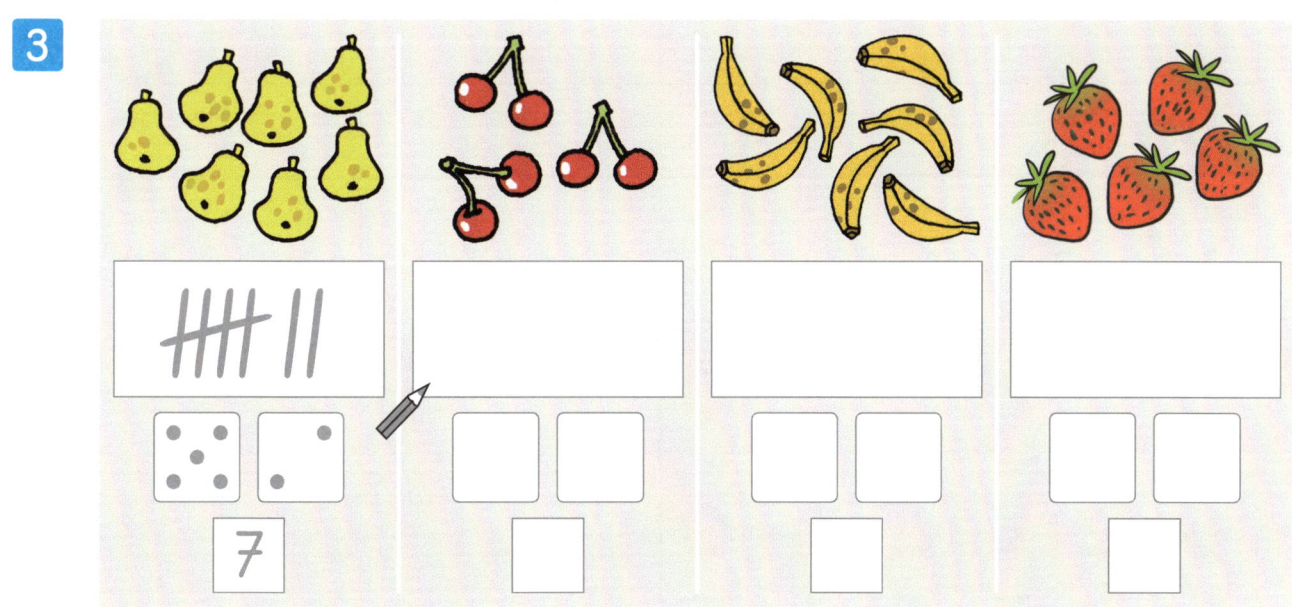

So gut kann ich die Aufgaben: ☑ ?

1 Bündeln 2 Anzahl der Plättchen im Zehnerfeld erkennen und zeichnen 3 Menge erfassen, als Strichliste und Würfelbild darstellen, Ziffer notieren

39

Zahl 8

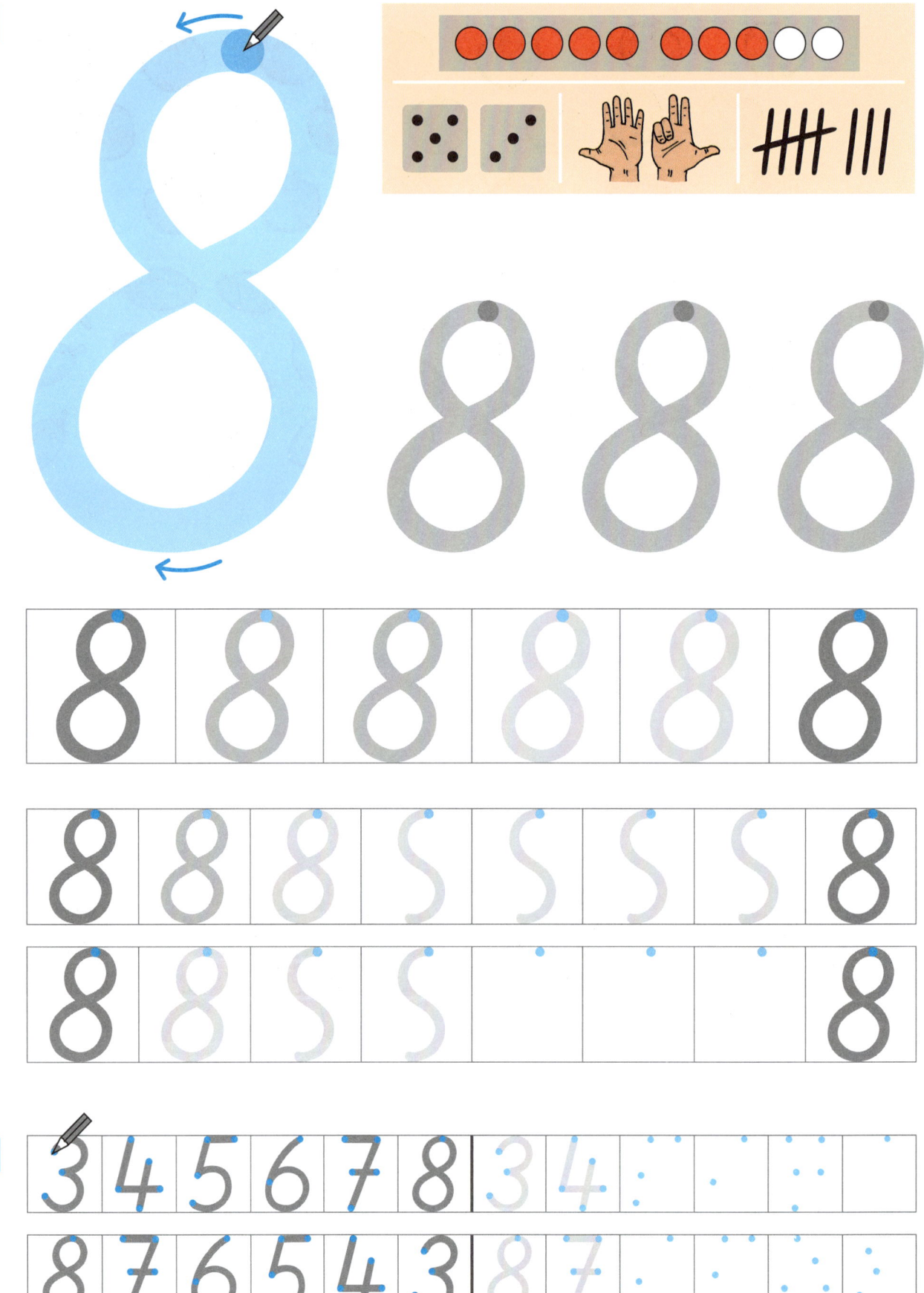

1 Ziffer 8 nachspuren, mithilfe der Orientierungspunkte
den Richtungsverlauf erkennen 2 Zahlenfolge vorwärts
und rückwärts fortsetzen

So gut kann ich die Aufgaben: ✓ ?

1

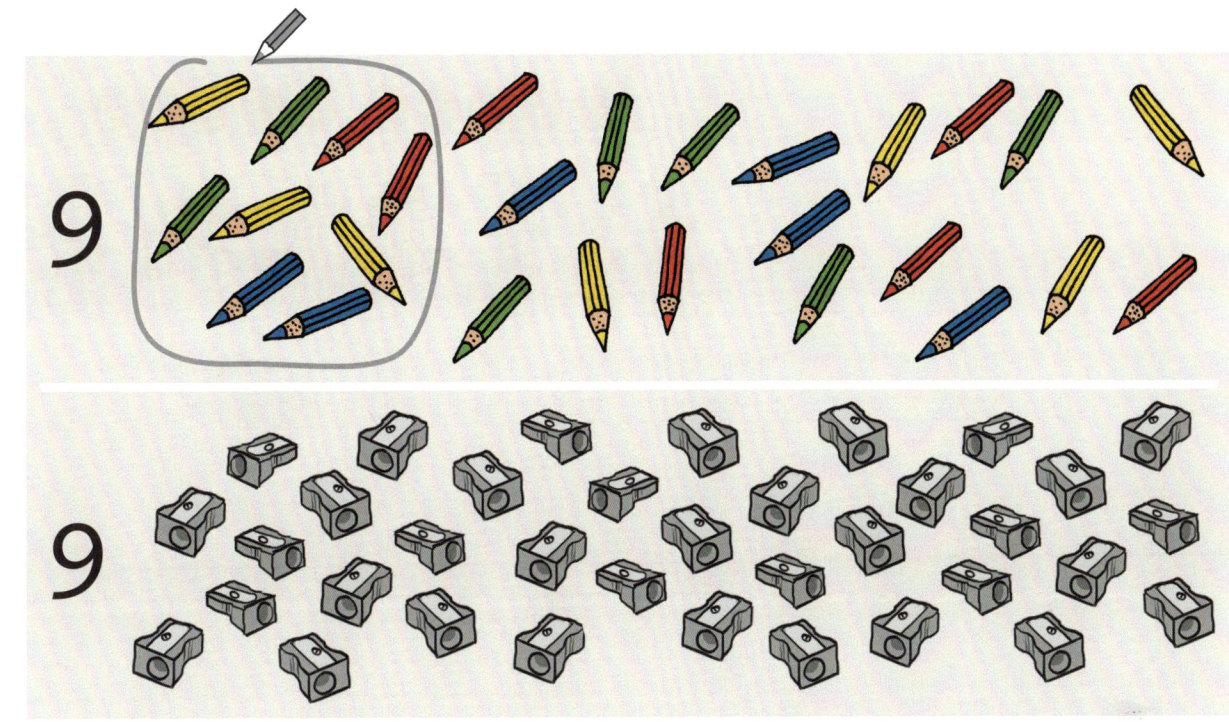

9

9

2

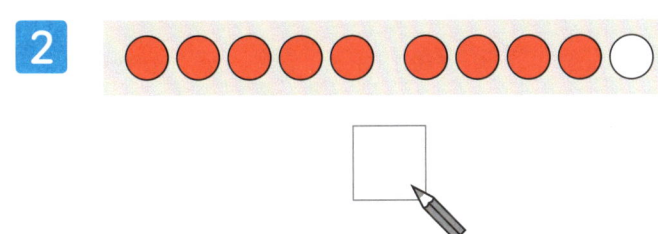

9

3

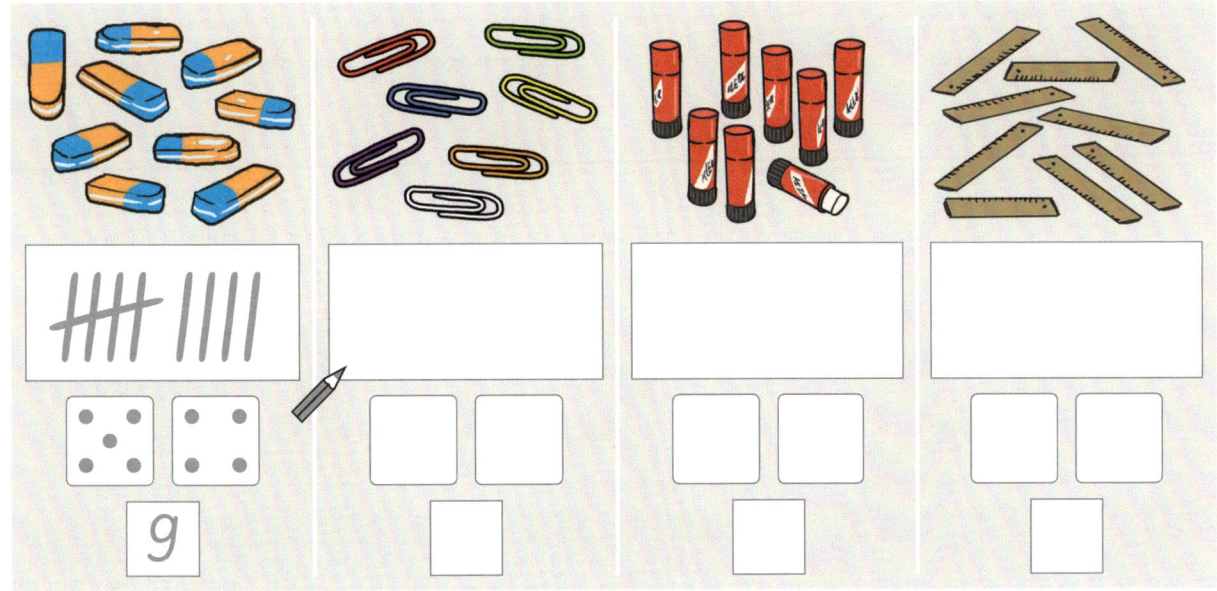

So gut kann ich die Aufgaben: ✓ ?

1 Bündeln 2 Anzahl der Plättchen im Zehnerfeld erkennen und zeichnen 3 Menge erfassen, als Strichliste und Würfelbild darstellen, Ziffer notieren

43

Zahl 10

10 10 10 10

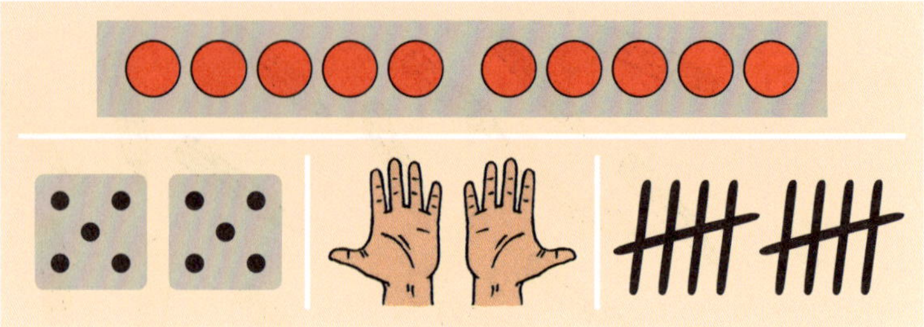

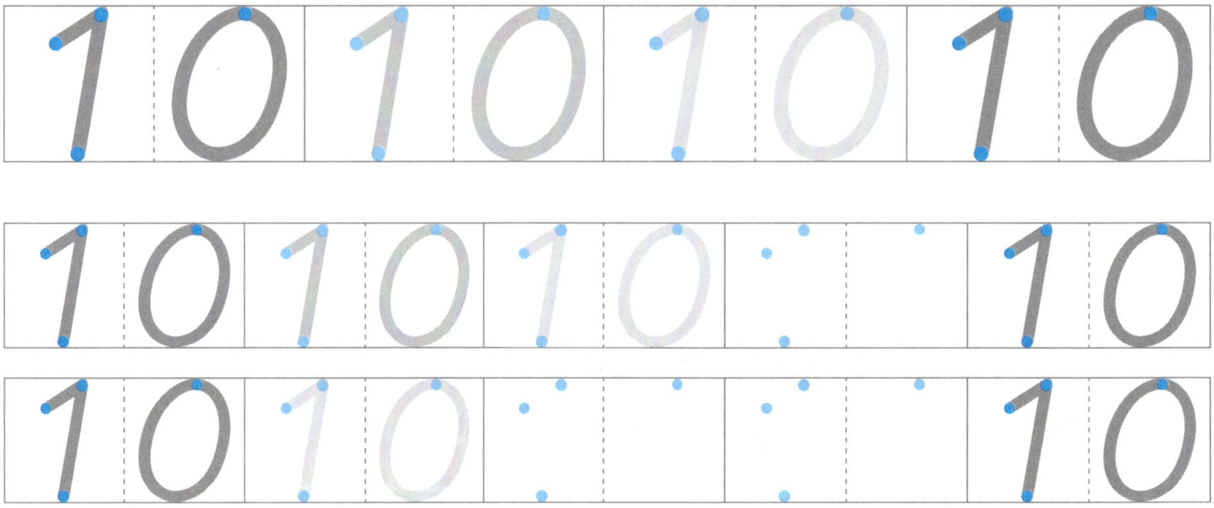

10 10 10 10 10

10 10 10 10

10 10 10 10 10

10 10 10 10

0 1 2 · · 5 · · · 9 ·

10 · · 7 · · · · · 2 ·

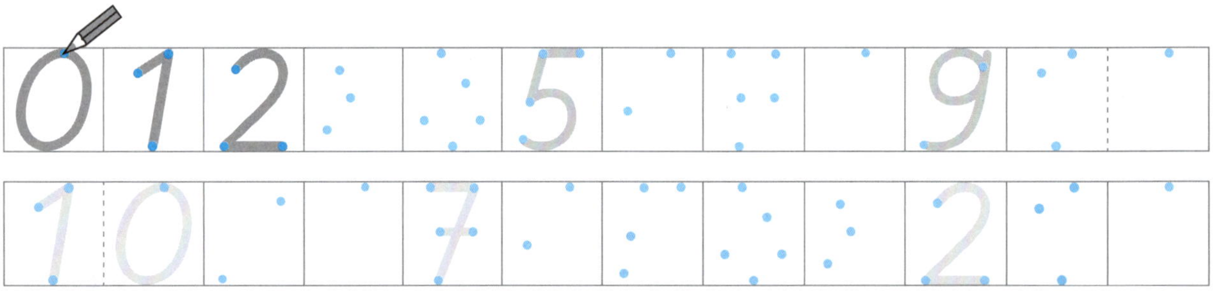

1 Zahl 10 nachspuren, mihilfe der Orientierungspunkte
den Richtungsverlauf erkennen 2 Zahlenfolge vorwärts
und rückwärts fortsetzen

So gut kann ich die Aufgaben: ✓ ?

1

10

10

2

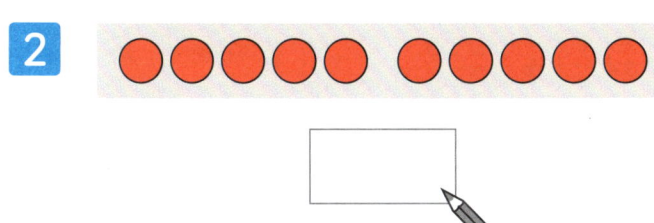

10

3

⦀⦀ ⦀⦀			
⚄ ⚄			
10			

So gut kann ich die Aufgaben: ✓ ?

1 Bündeln 2 Anzahl der Plättchen im Zehnerfeld erkennen und zeichnen 3 Menge erfassen, als Strichliste und Würfelbild darstellen, Ziffer notieren

45

Mengen und Zahlen bis 10

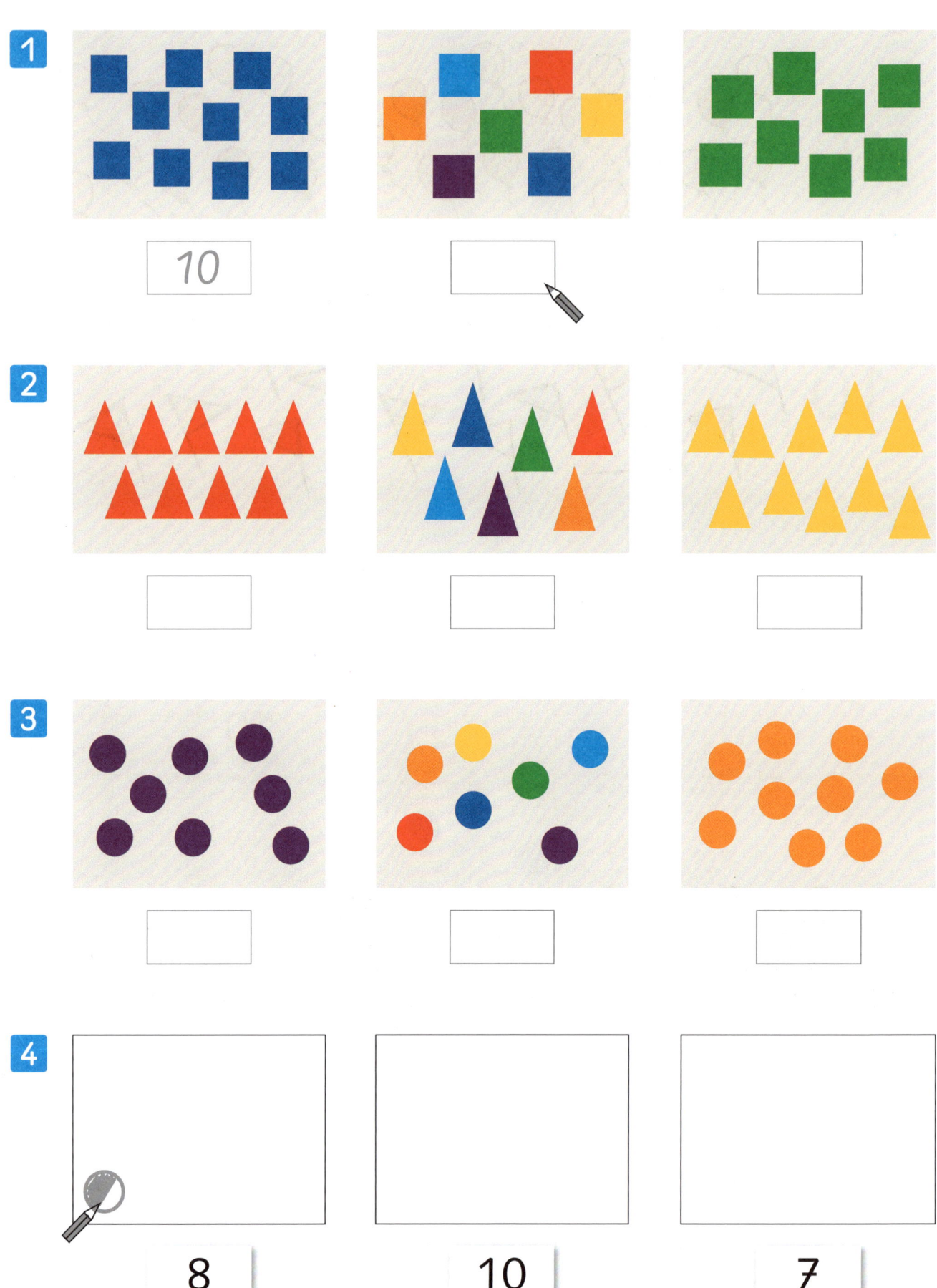

1

10

2

3

4

8   10   7

1–3 Anzahlen erfassen und notieren 4 Mengen darstellen

So gut kann ich die Aufgaben: ☑ ☐

Ergänzen und wegstreichen

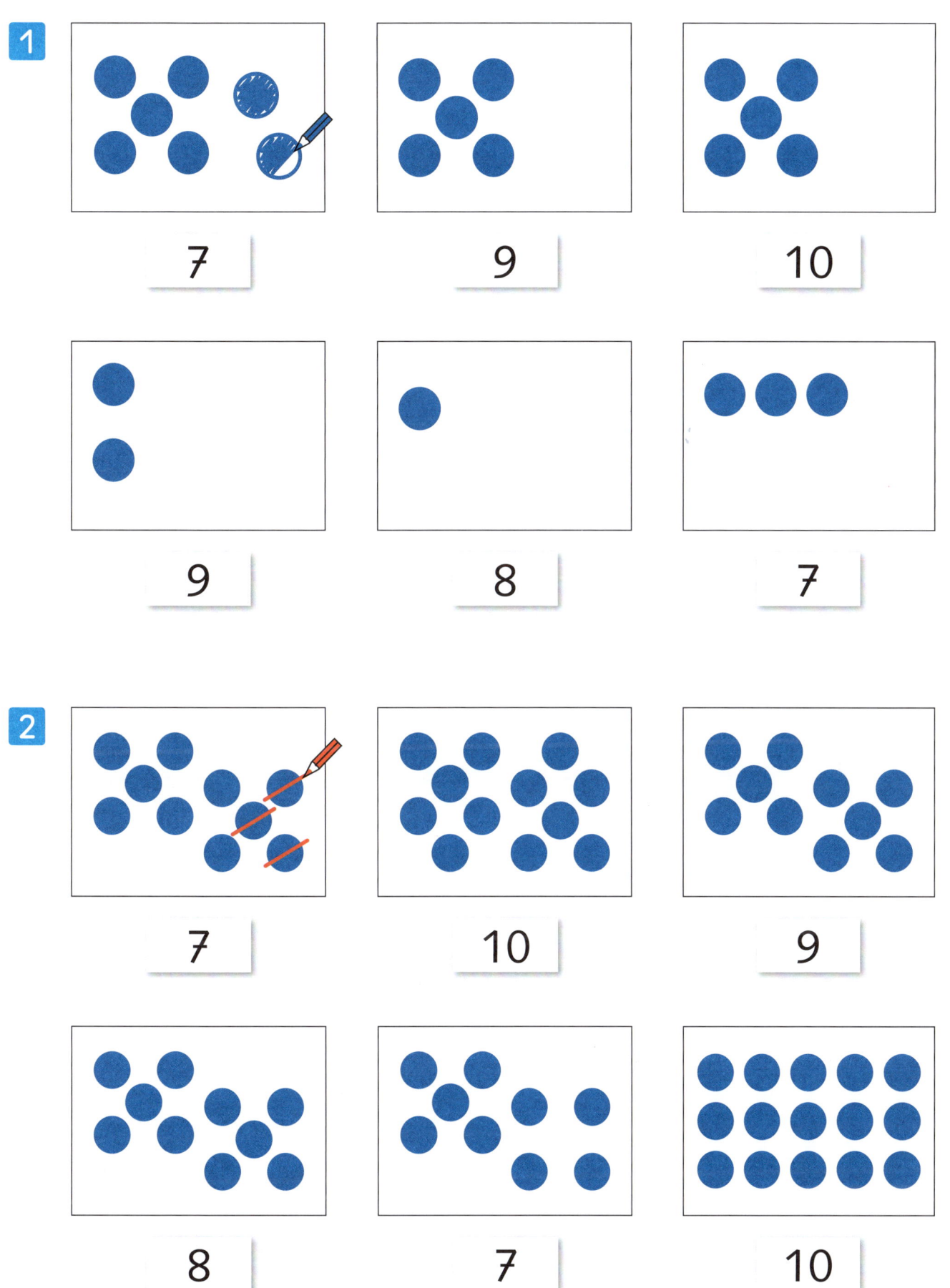

1

7

9

10

9

8

7

2

7

10

9

8

7

10

Mengen und Zahlen bis 10 am Zehnerfeld

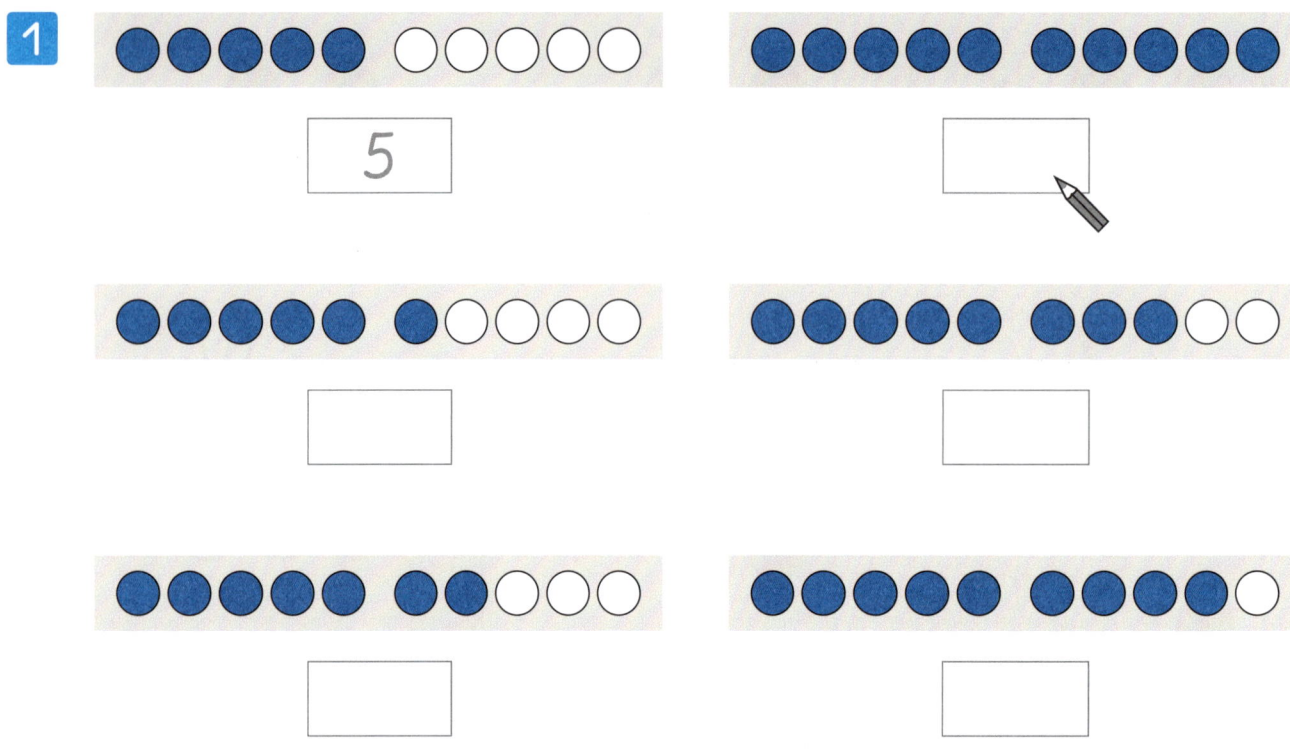

1

5

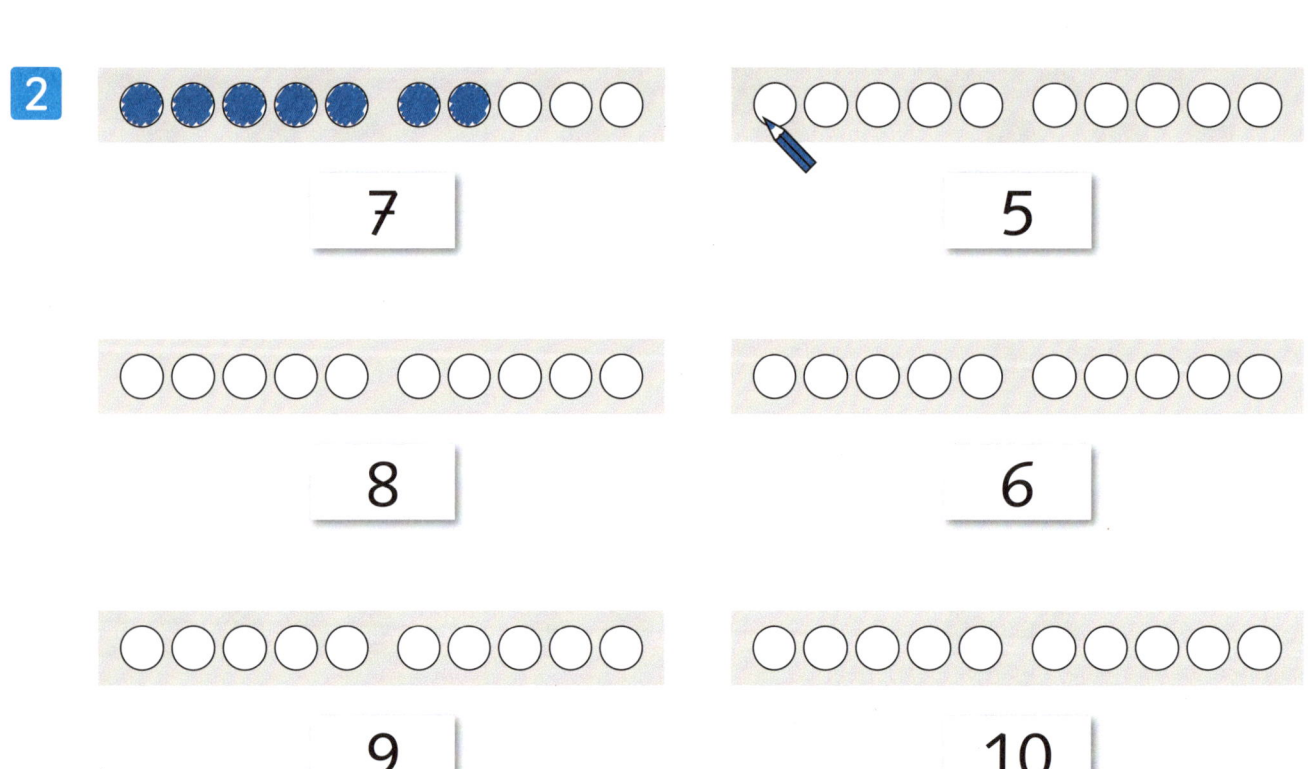

2

7

5

8

6

9

10

1 Anzahlen erfassen und notieren 2 Mengen am Zehnerfeld
darstellen

So gut kann ich die Aufgaben: ✓ ?

Ergänzen und wegstreichen am Zehnerfeld

1

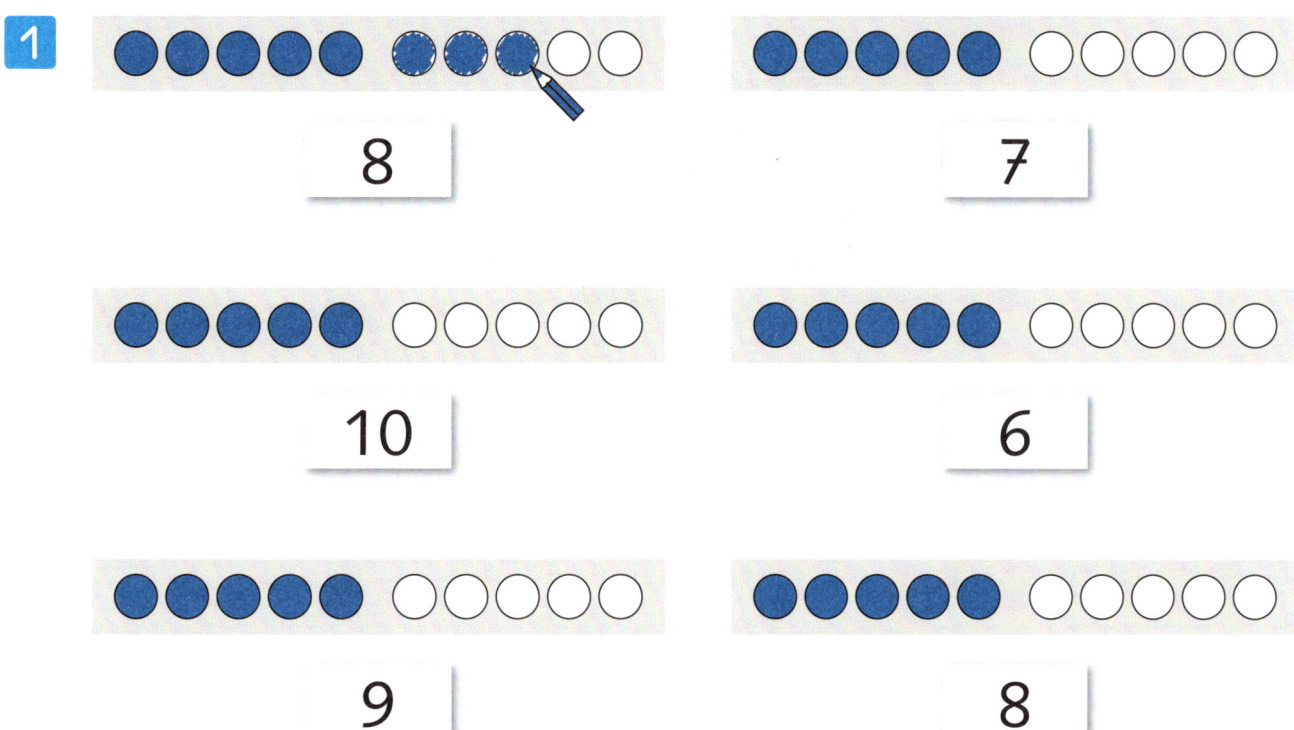

8

7

10

6

9

8

2

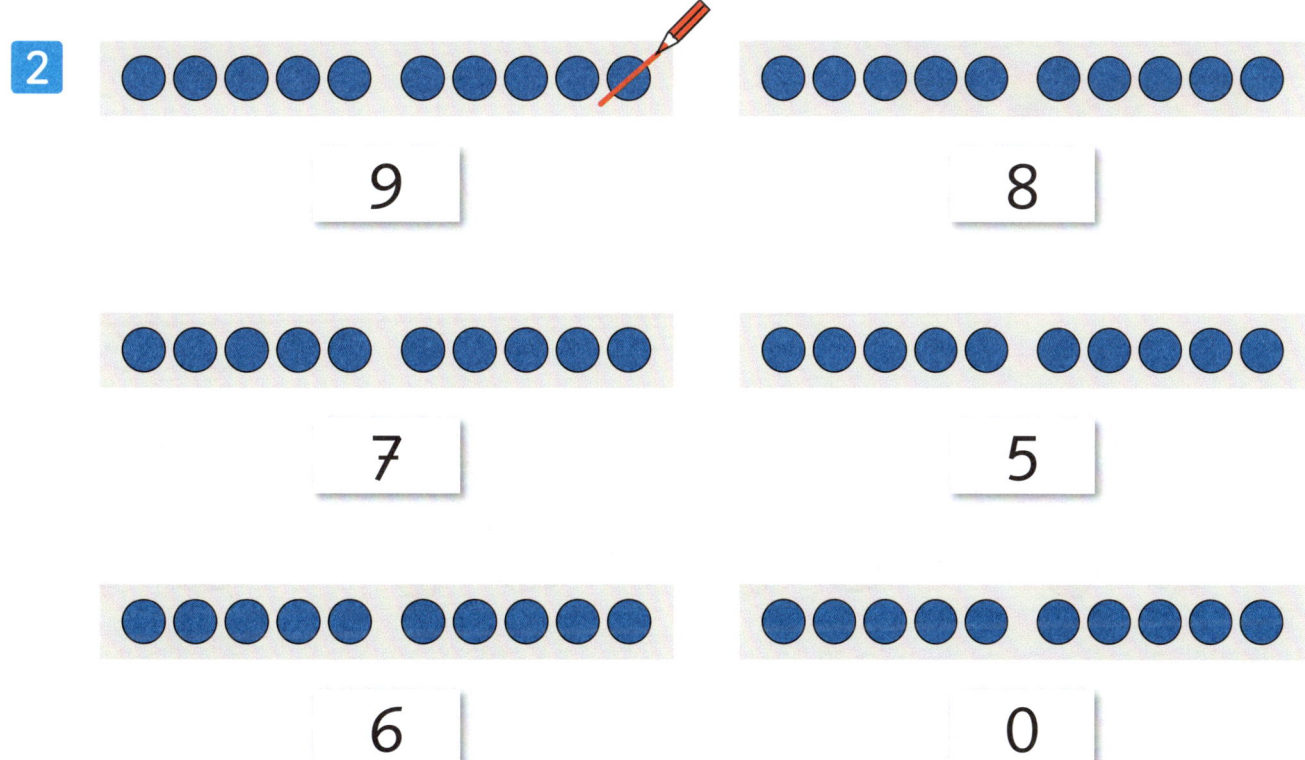

9

8

7

5

6

0

Zerlegen der Zahl 7

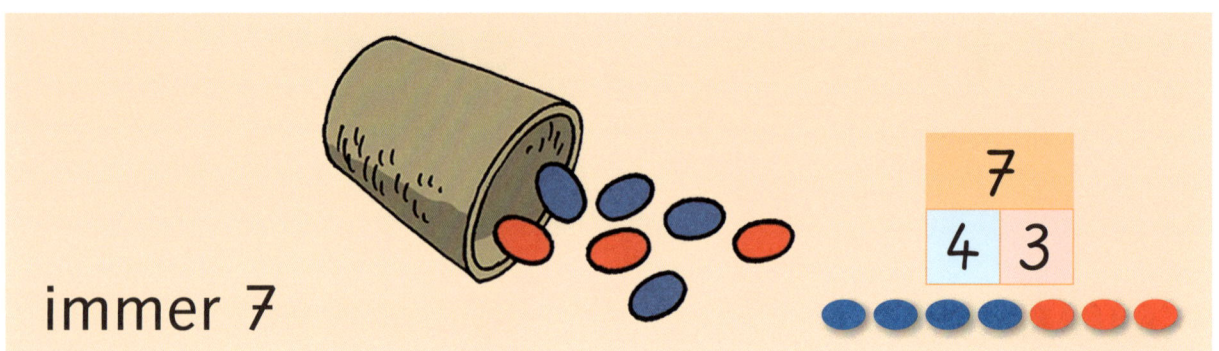

immer 7

7	
4	3

1

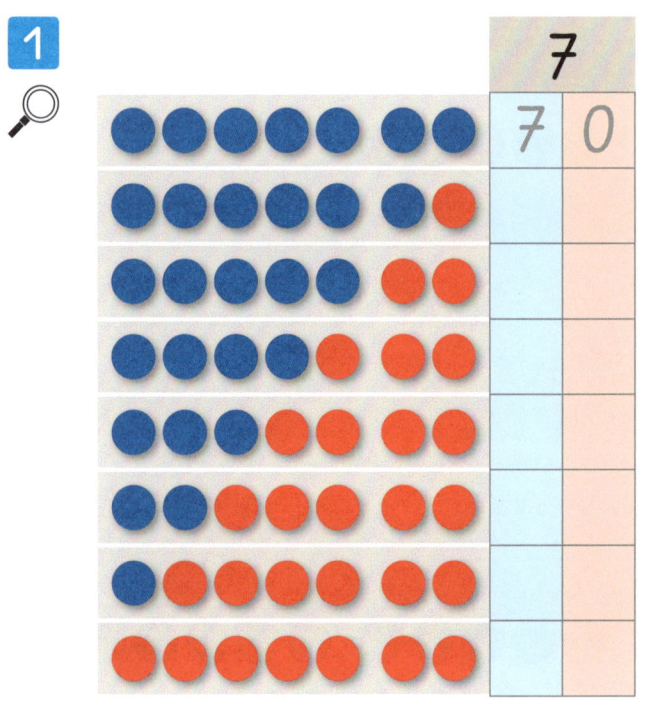

7	
7	0

2

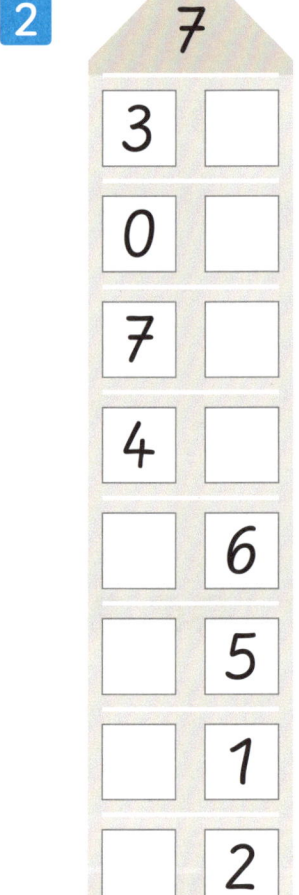

7

3	
0	
7	
4	
	6
	5
	1
	2

3

7	
4	

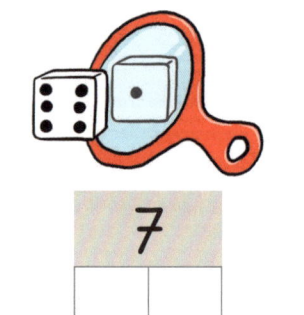

7	

7	

7	

Zahl 7 mit Schütteldose und Wendeplättchen zerlegen
1 Zahl 7 systematisch zerlegen, Muster erkennen 2 Zahlen-
haus ergänzen 3 mit Würfelaugen zerlegen

So gut kann ich die Aufgaben: ☑ ❓

Zerlegen der Zahl 8

immer 8

8	
2	6

1

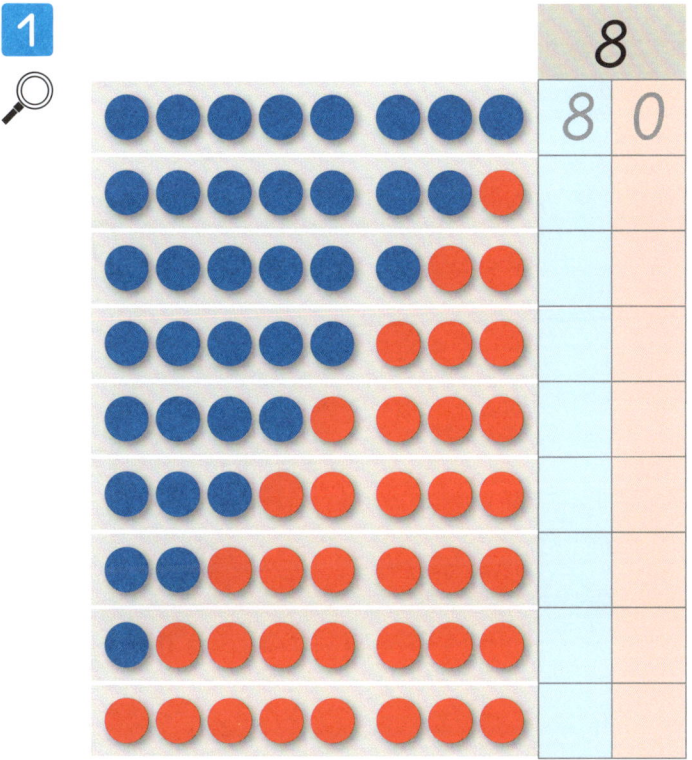

8	
8	0

2

8	
4	
6	
8	
2	
0	
	7
	3
	1
	5

3

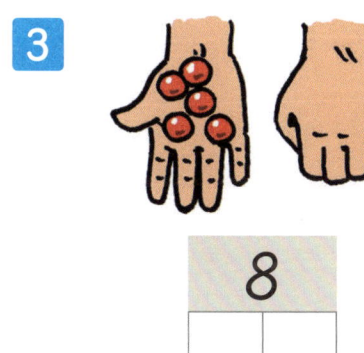

8	

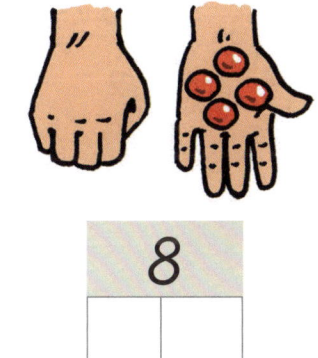

8	

So gut kann ich die Aufgaben: ☑ ❓

Zahl 8 mit Schütteldose und Wendeplättchen zerlegen
1 Zahl 8 systematisch zerlegen, Muster erkennen 2 Zahlen-
haus ergänzen 3 Zahl 8 mit Murmeln / Steinen zerlegen

51

Zerlegen der Zahl 9

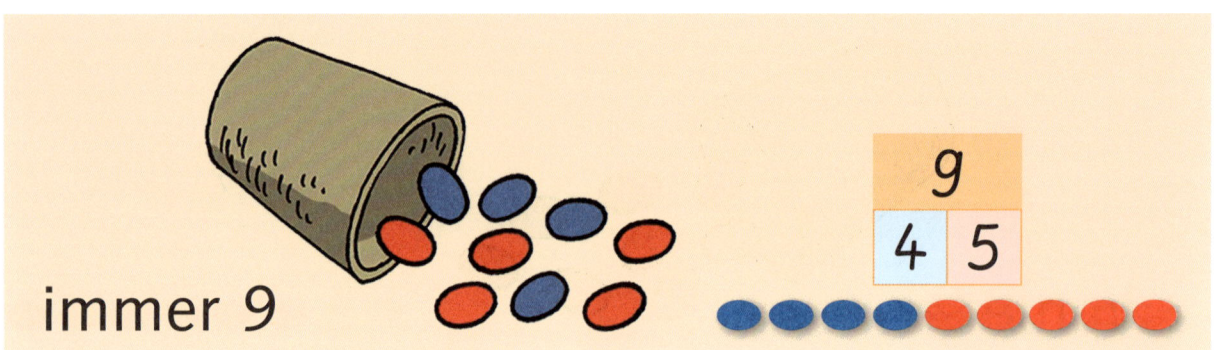

immer 9

9	
4	5

1

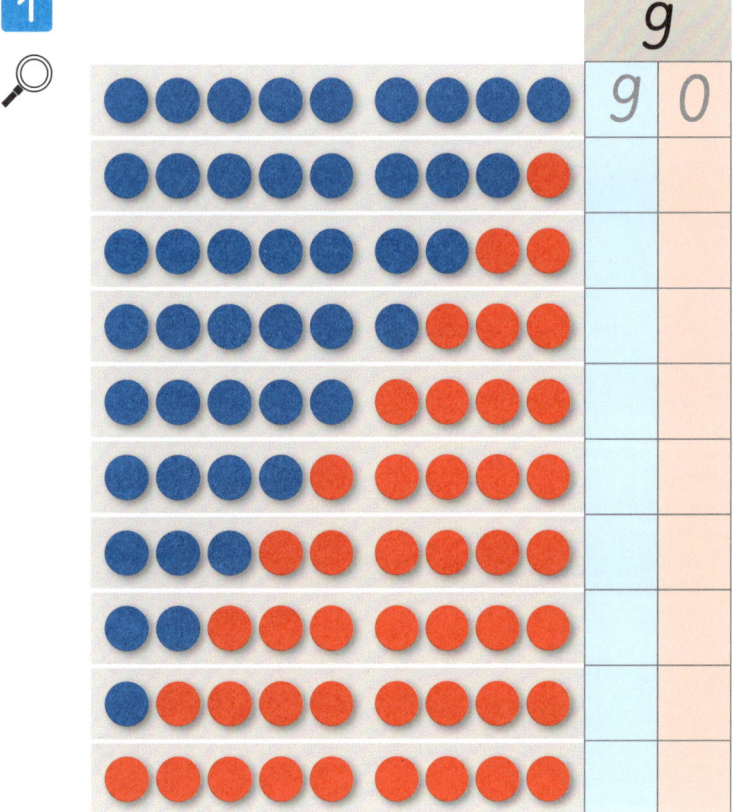

9	
9	0

2

9	
5	
	0
2	
	6
1	
	9
7	
	3
4	
	8

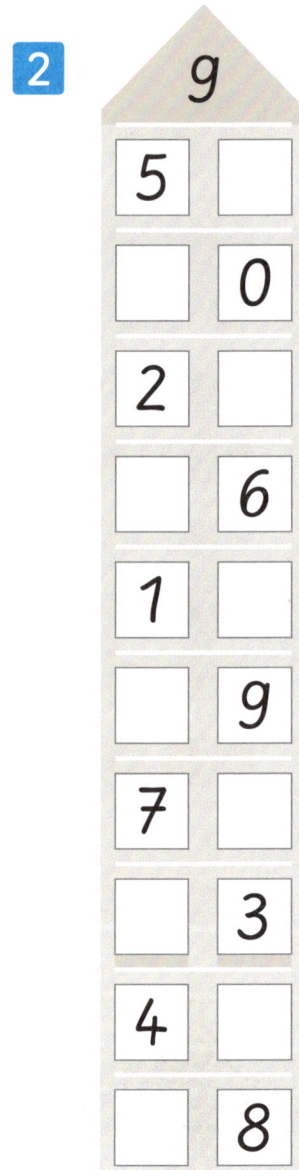

3

9	
7	

9	
5	

Zahl 9 mit Schütteldose und Wendeplättchen zerlegen
1 Zahl 9 systematisch zerlegen, Muster erkennen 2 Zahlen-
haus ergänzen 3 Kegelspiel

So gut kann ich die Aufgaben: ✓ ?

Zerlegen der Zahl 10

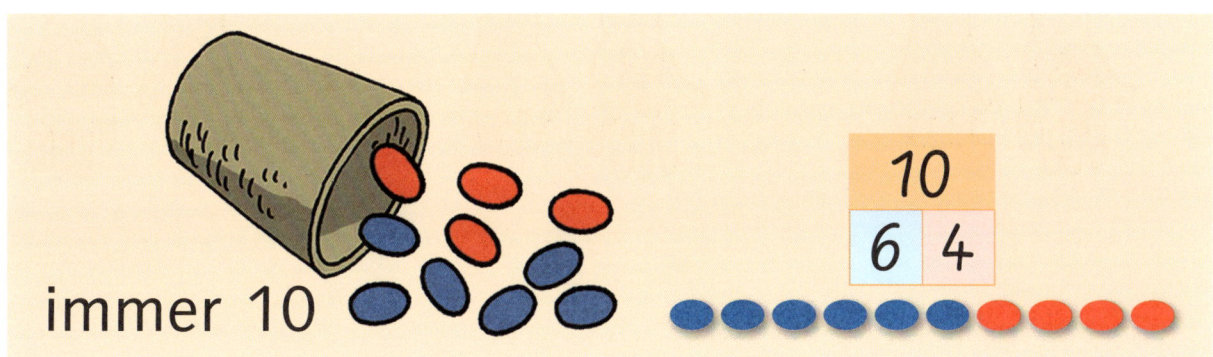

immer 10

10	
6	4

1 🔍

10	
10	0

2

10

3	
	0
7	
	10
1	
	2
6	
	5
4	
	8
9	

3

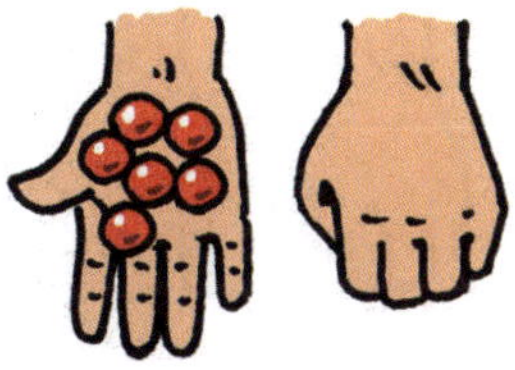

10	

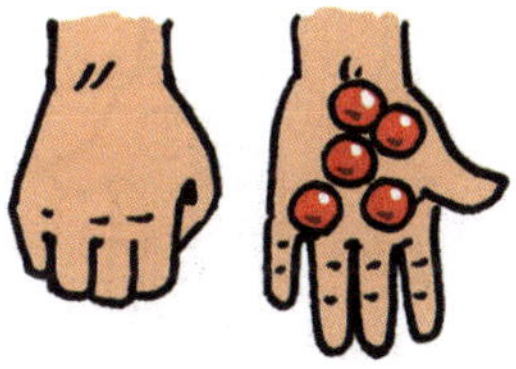

10	

So gut kann ich die Aufgaben: ✓ ?

Zahl 10 mit Schütteldose und Wendeplättchen zerlegen
1 Zahl 10 systematisch zerlegen, Muster erkennen 2 Zahlen-
haus ergänzen 3 Zahl 10 mit Murmeln/Steinen zerlegen

53

Zerlegen der Zahlen bis 10

1

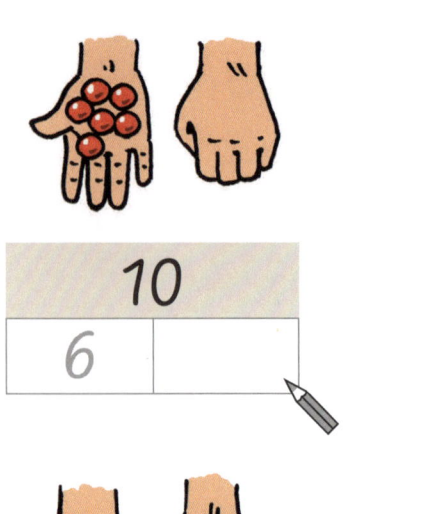  

10		10		10	
6					

 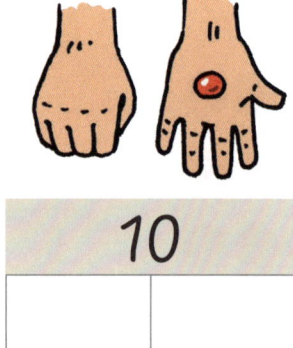 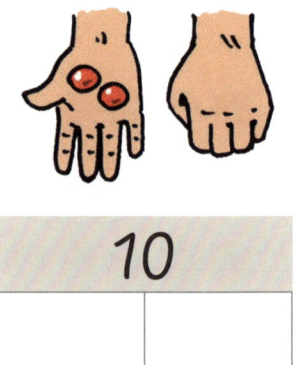

10		10		10	

2

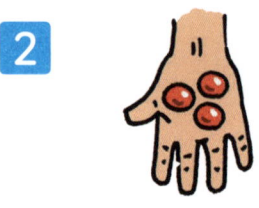 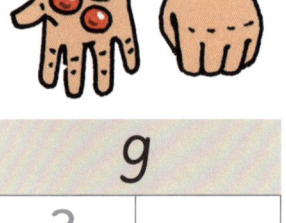  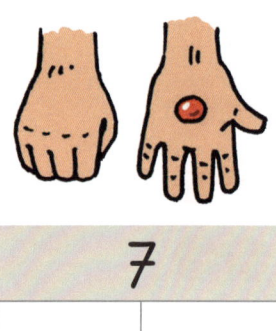 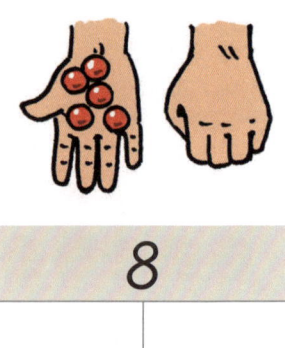

9		7		8	
3					

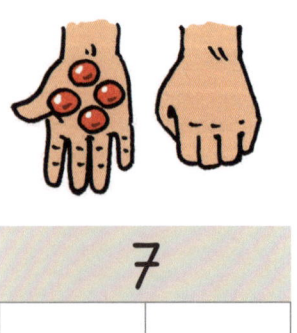 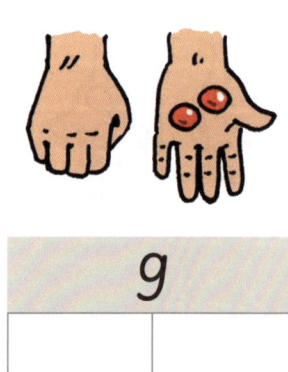 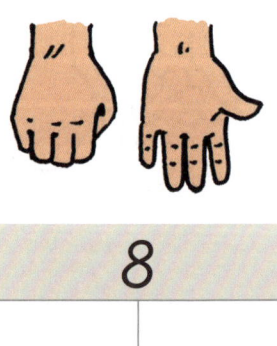

7		9		8	

1 Zahl 10 mit Murmeln oder Steinen in den Händen zerlegen 2 Zahlen 7 bis 9 mit Murmeln oder Steinen in den Händen zerlegen

So gut kann ich die Aufgaben: ☑ ？

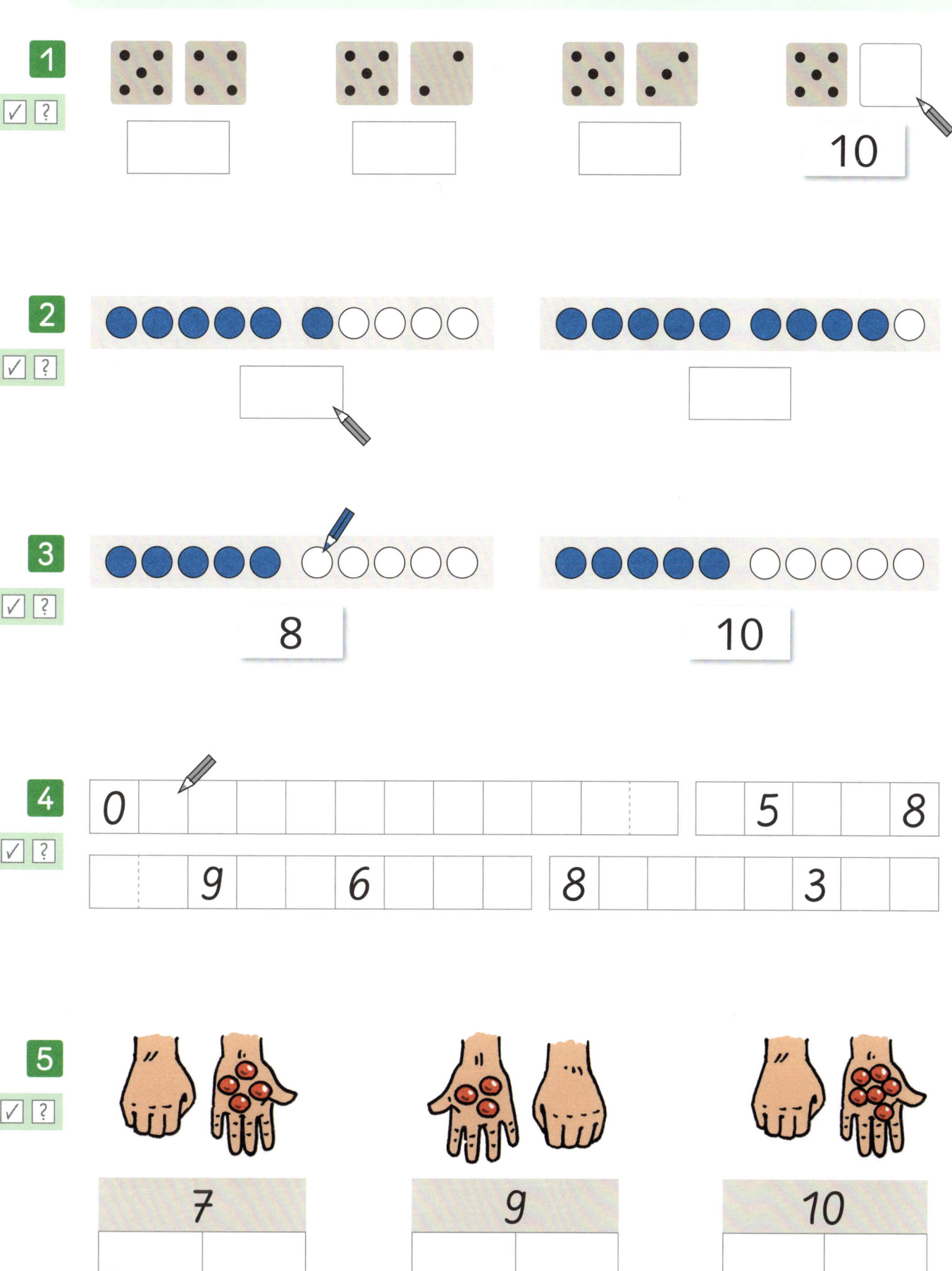

1 ✓ ?

10

2 ✓ ?

3 ✓ ?

8

10

4 ✓ ?

| 0 | | | | | | | 5 | | 8 |

| | 9 | 6 | | 8 | | 3 |

5 ✓ ?

7

9

10

Größer, kleiner, gleich

>	<	=
ist größer als	ist kleiner als	ist gleich

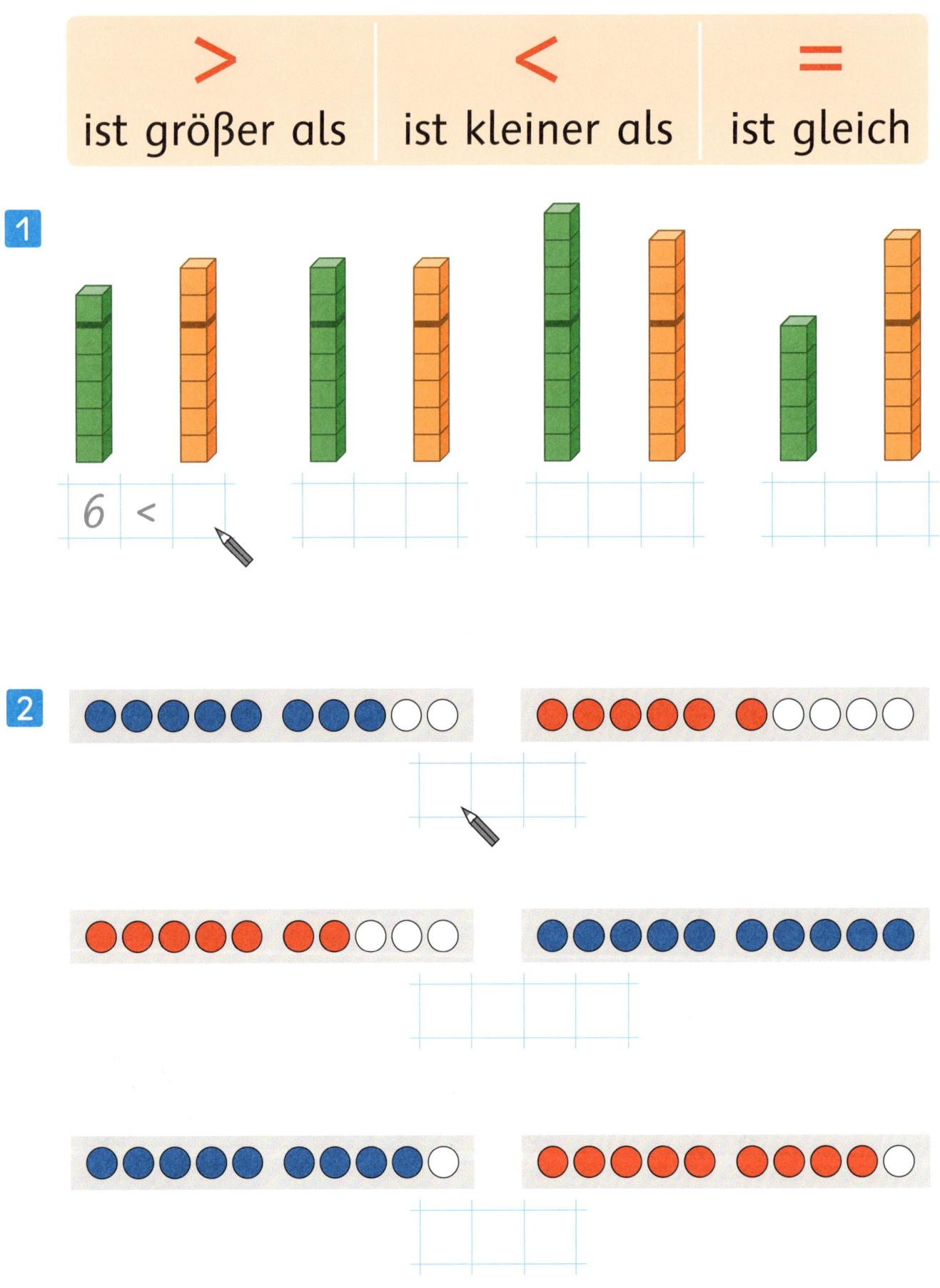

1

6 <

2

Anzahlen ermitteln, vergleichen

So gut kann ich die Aufgaben: ✓ ?

1

6	<	✏️	8
7			5
5	1	0	
8			0

9		1	0
8			7
4			8
1	0	1	0

1	0		6
	0		6
	9		9
	7		4

2

7 > ◯
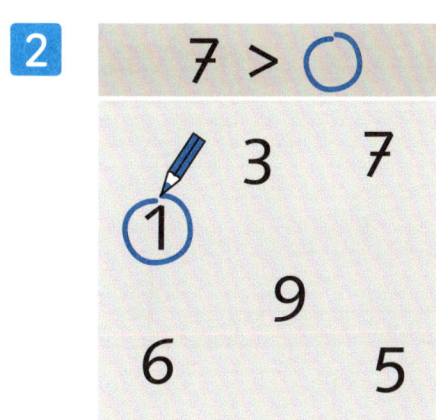
✏️ 3 7
①
  9
6   5

9 > ◯
  7   6
10
    0
  8   9

10 > ◯
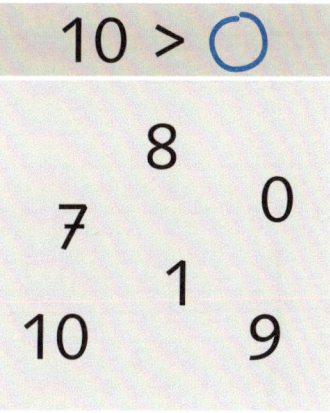
    8
  7   0
      1
10   9

7 < ◯
  8 5
7
    6
10   9

9 < ◯
    0
5
    7
  8
9   10

6 < ◯
7   4
  10   8
9   6

3

1	0	>	✏️ 7
1	0	=	
	8	>	
	7	<	

	<	9
	=	7
6	>	
9	<	

⭐
	=
	>
	<
	=

Zahlenstrahl

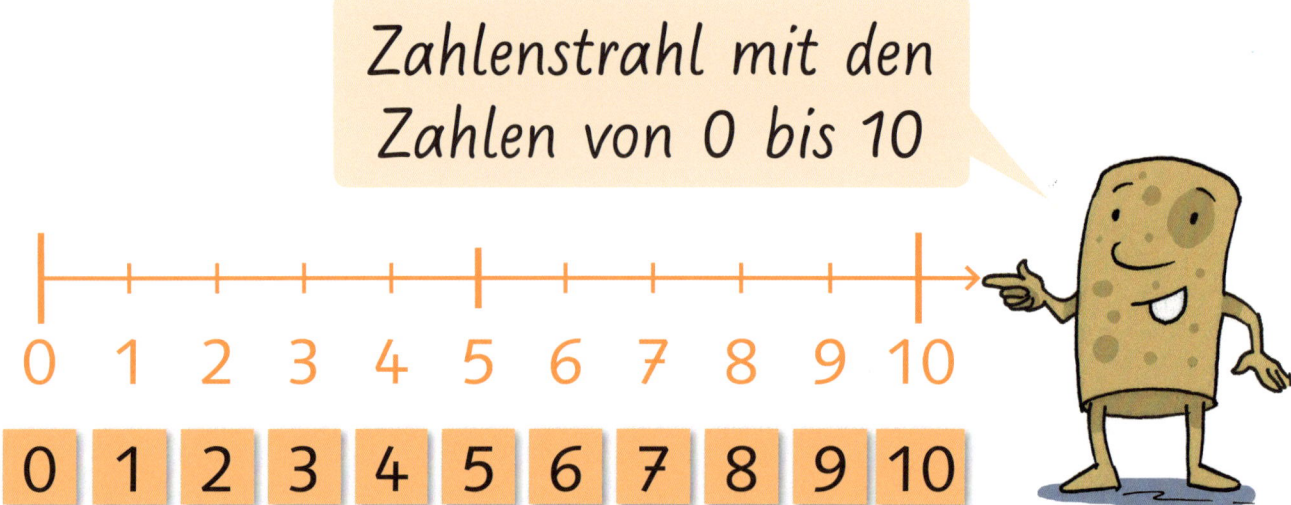

Zahlenstrahl mit den Zahlen von 0 bis 10

0 1 2 3 4 5 6 7 8 9 10

0 1 2 3 4 5 6 7 8 9 10

1 0 1

2 0 □ 2 □ 4 5 □ 7 8 □ 10

0 1 □ 3 4 □ 6 7 □ 9 □

0 1 □ 3 □ 5 6 □ 8 □ 10

Zahlenkarten von 0 bis 10 ordnen, Abfolge der Zahlen am
Zahlenstrahl erkennen 1, 2 Zahlen am Zahlenstrahl ergänzen

So gut kann ich die Aufgaben: ☑ ?

1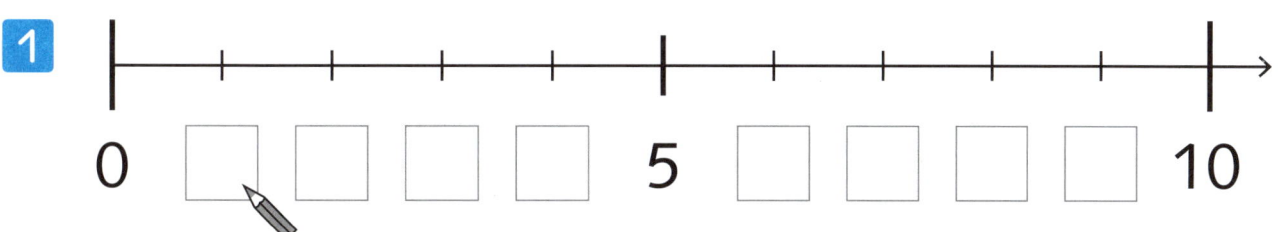

0 ☐ ☐ ☐ ☐ 5 ☐ ☐ ☐ ☐ 10

2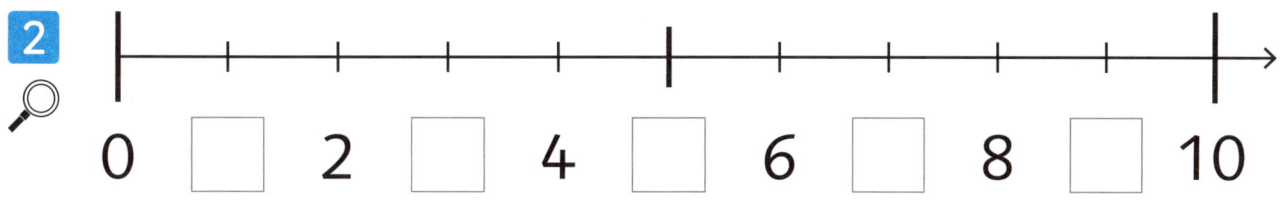

0 ☐ 2 ☐ 4 ☐ 6 ☐ 8 ☐ 10

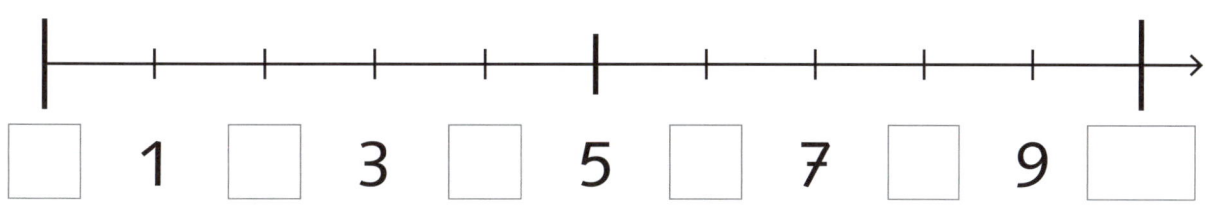

☐ 1 ☐ 3 ☐ 5 ☐ 7 ☐ 9 ☐

3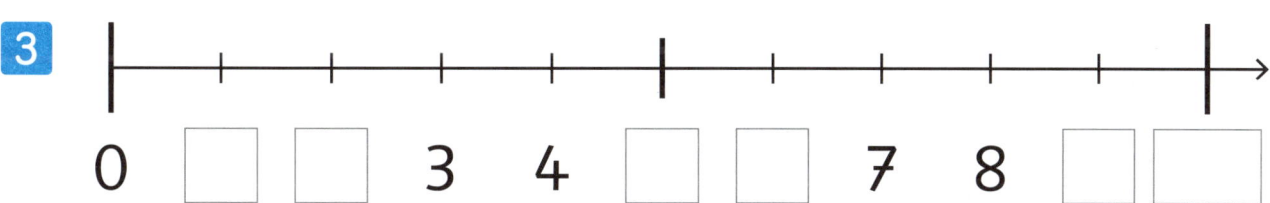

0 ☐ ☐ 3 4 ☐ ☐ 7 8 ☐ ☐

4

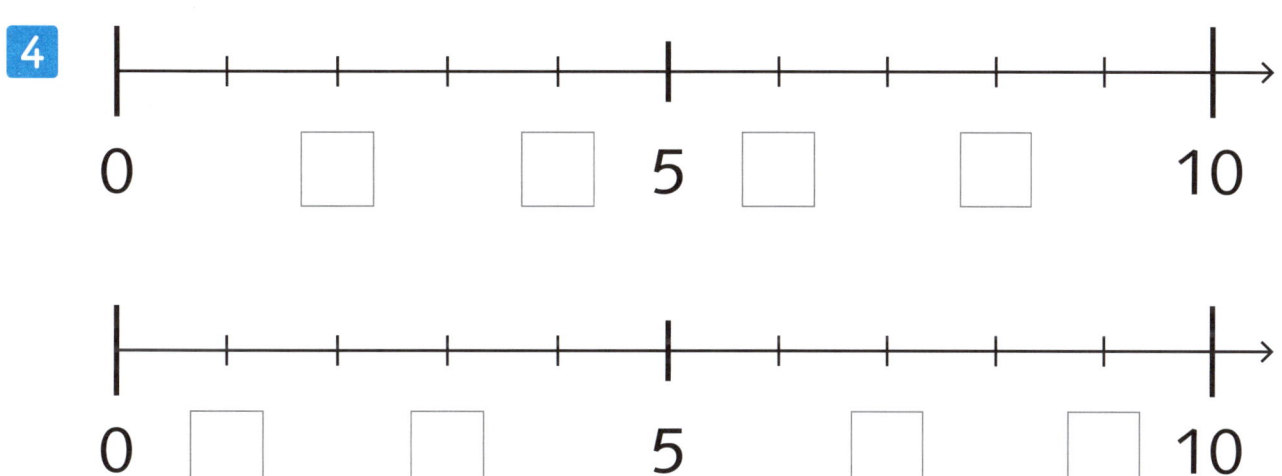

0 ☐ ☐ 5 ☐ ☐ 10

0 ☐ ☐ 5 ☐ ☐ 10

Nachfolger

Der **Nachfolger** von 2 ist 3.

0 1 2 3 4 5 6 7 8 9 10

1

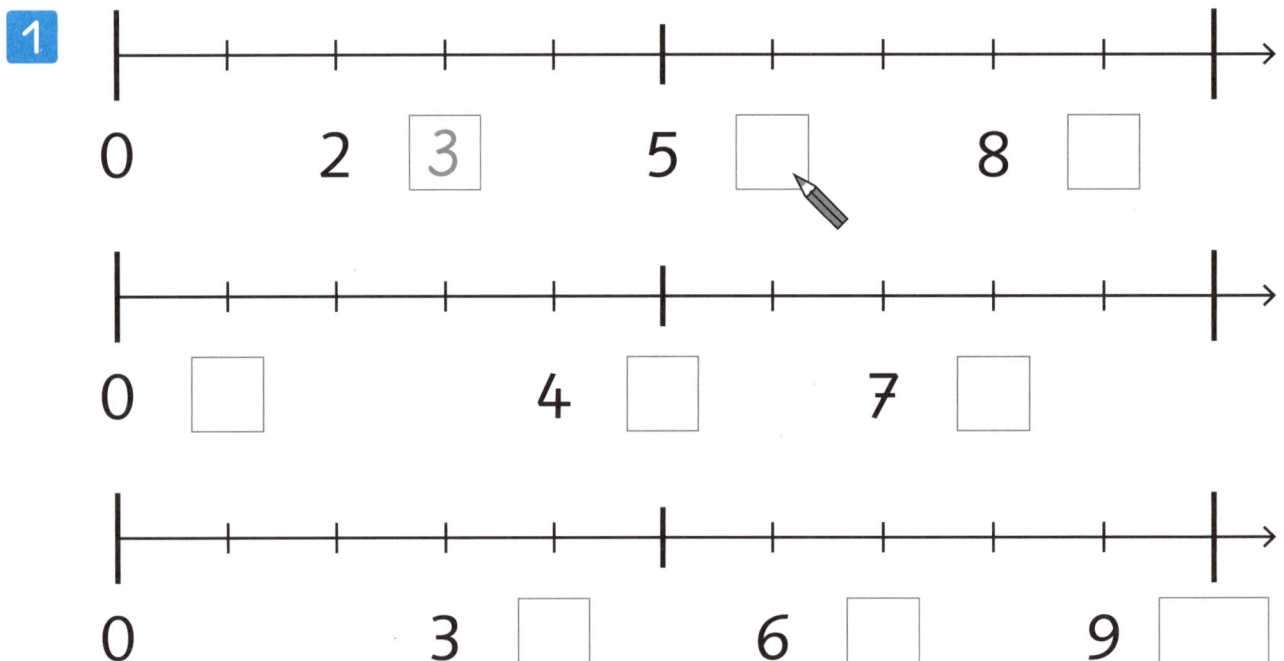

0   2   [3]   5   [ ]   8   [ ]

0   [ ]   4   [ ]   7   [ ]

0   3   [ ]   6   [ ]   9   [ ]

2

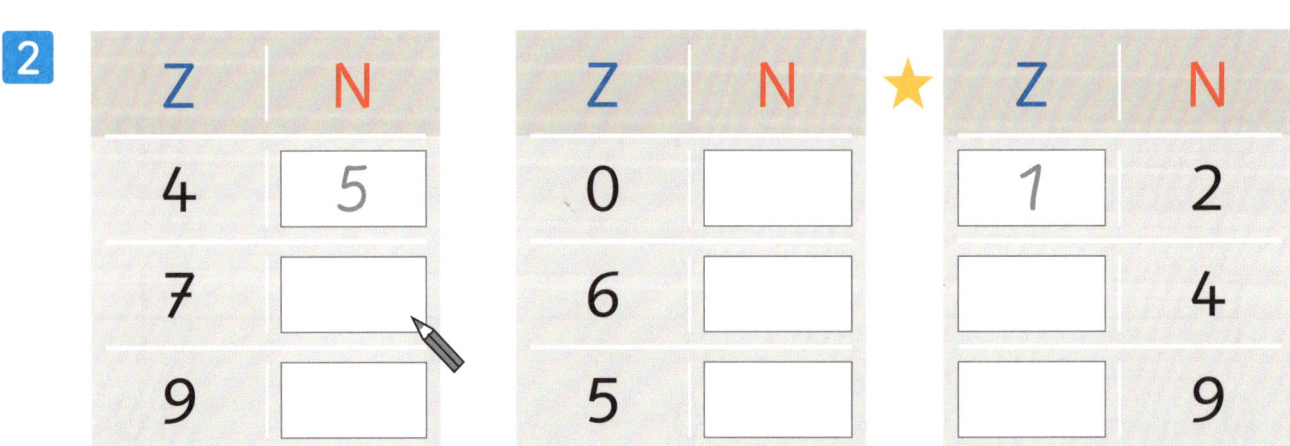

Z	N
4	5
7	
9	

Z	N
0	
6	
5	

★ Z	N
1	2
	4
	9

Einführung Nachfolger anhand des Zahlenstrahls
1 Nachfolger am Zahlenstrahl eintragen 2 Eintragen der
Nachfolger bzw. der gesuchten Zahl in einer Tabelle

So gut kann ich die Aufgaben: ☑ ?

Vorgänger

Der **V**orgänger von **2** ist **1**.

0 1 2 3 4 5 6 7 8 9 10

1

0   2   3   ☐   6   ☐   9

0   ☐   4   ☐   7   ☐   10

☐   1   ☐   5   ☐   8

2

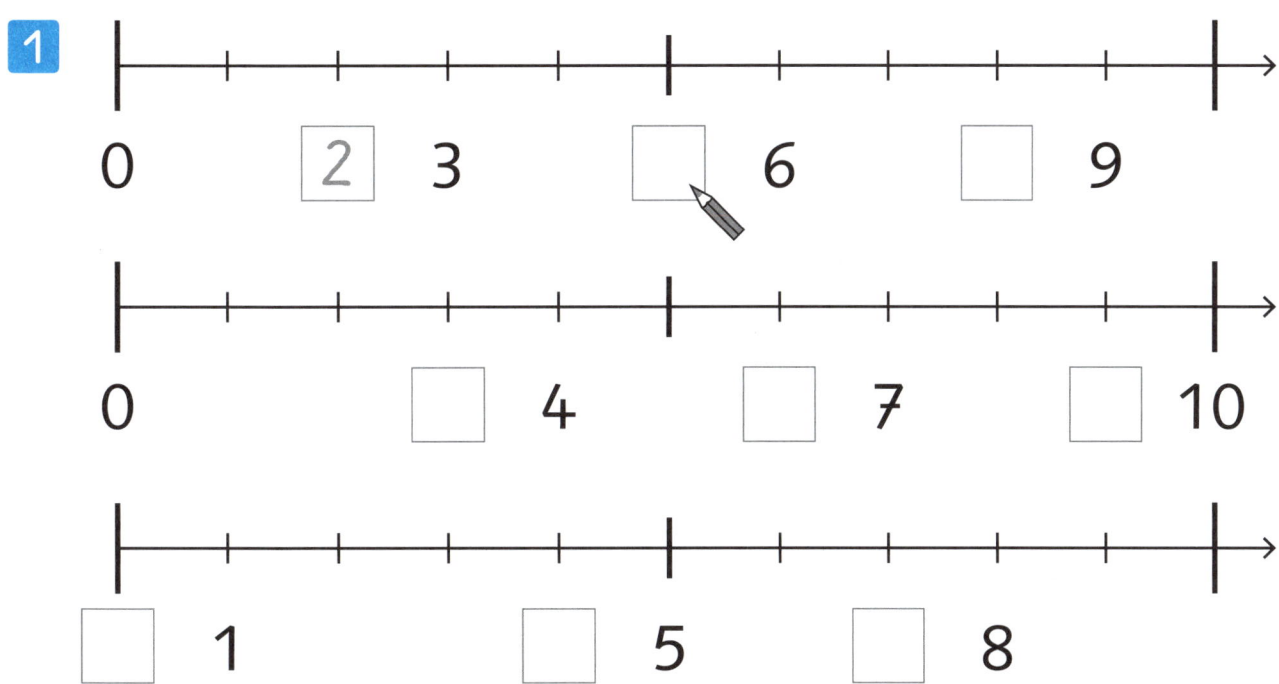

V	Z
2	3
☐	1
☐	6

V	Z
☐	5
☐	8
☐	10

V	Z	N
☐	2	☐
☐	7	☐
☐	4	☐

So gut kann ich die Aufgaben: ☑ ?

Einführung Vorgänger anhand des Zahlenstrahls
1 Vorgänger am Zahlenstrahl eintragen 2 Eintragen der
Vorgänger bzw. der Vorgänger und Nachfolger in einer Tabelle

Zahlen ordnen

Ich ordne die Zahlen.
Ich beginne mit der
kleinsten Zahl, der 0.

| 0 | 1 | 2 | 3 | 4 | 5 | 6 | 7 | 8 | 9 | 10 |

1

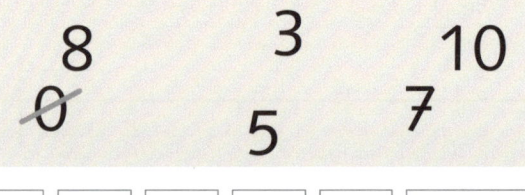

| 0 | | | | | |

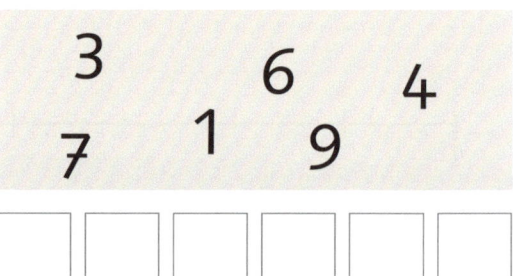

| | | | | | |

Ich ordne die Zahlen.
Ich beginne mit der
größten Zahl, der 10.

| 10 | 9 | 8 | 7 | 6 | 5 | 4 | 3 | 2 | 1 | 0 |

2

| 10 | | | | |

| | | | | |

1 Zahlen ordnen, mit der kleinsten Zahl beginnen 2 Zahlen
ordnen, mit der größten Zahl beginnen

So gut kann ich die Aufgaben: ✓ ?

Ordnungszahlen

1

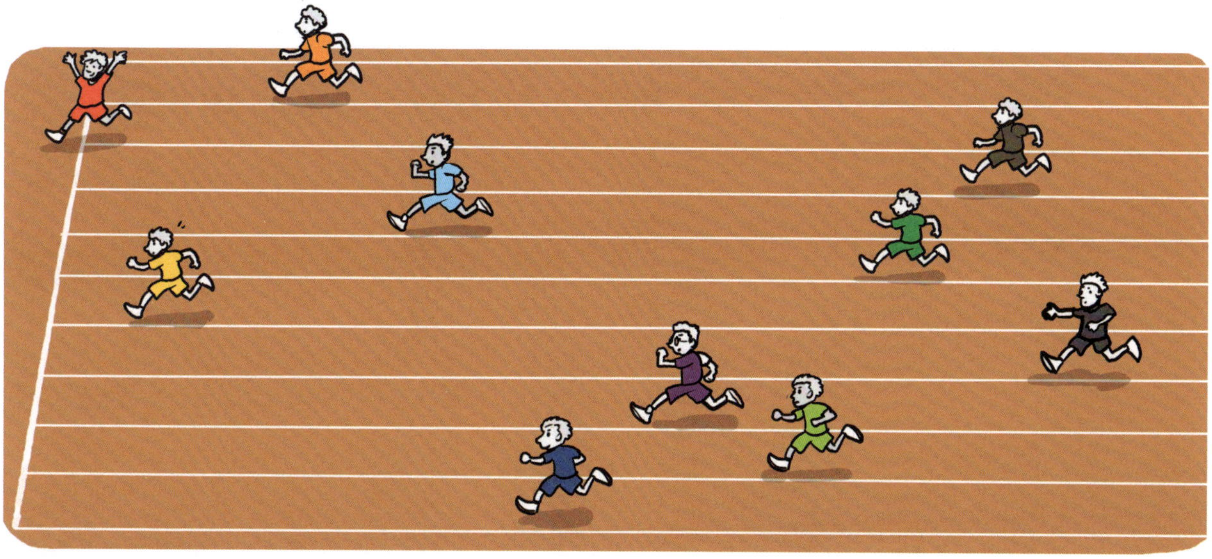

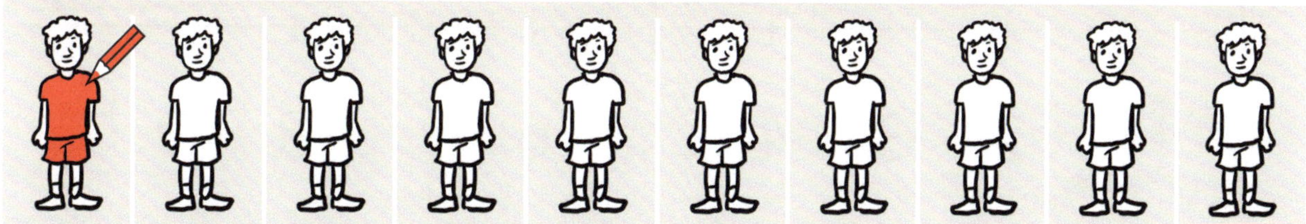

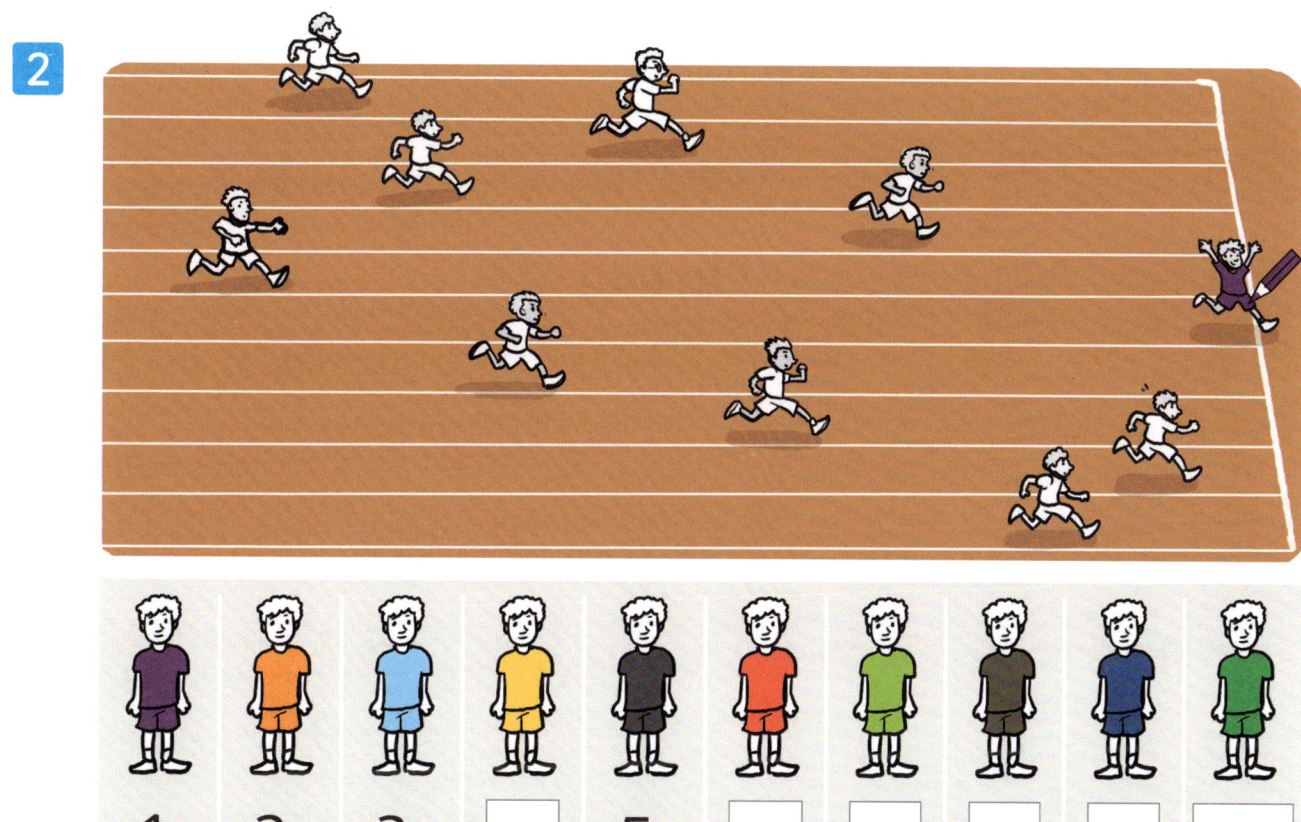

1. 2. 3. 4. 5. 6. 7. 8. 9. 10.

2

1. 2. 3. ☐ 5. ☐ ☐ ☐ ☐ ☐

So gut kann ich die Aufgaben: ☐✓ ☐?

Reihenfolge, in der die Kinder auf dem Bild ins Ziel einlaufen auf die Reihenfolge der Kinder im Kasten übertragen und die T-Shirts entsprechend anmalen bzw. umgekehrt

Vergleichen und ordnen

1 ☑ ?

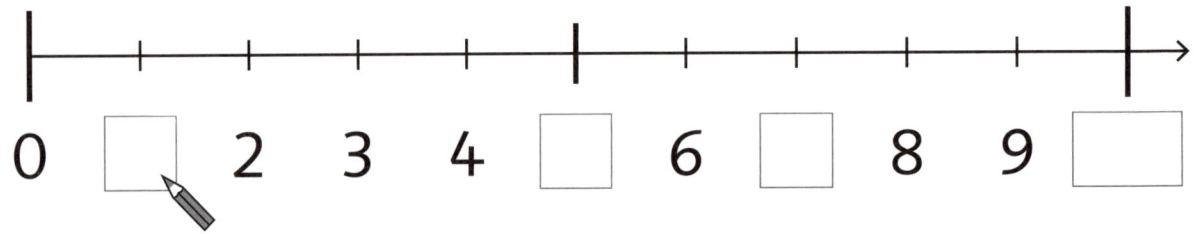

7		9
1 0		1 0
3		6
8		6

4		0
8		1 0
7		4
0		9

6	<	
	<	1 0
	=	
	>	

2 ☑ ?

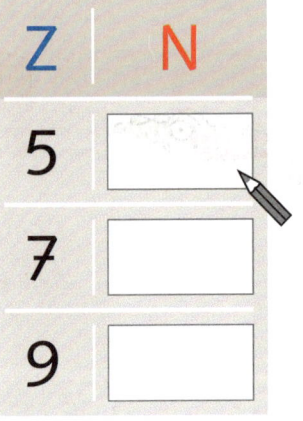

0 ☐ 2 3 4 ☐ 6 ☐ 8 9 ☐

3 ☑ ?

Z	N
5	☐
7	☐
9	☐

V	Z
☐	2
☐	6
☐	4

V	Z	N
☐	1	☐
☐	3	☐
☐	9	☐

4 ☑ ?

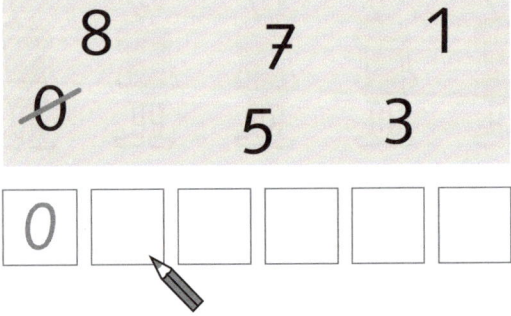

8 7 1
0 5 3

0	☐	☐	☐	☐	☐

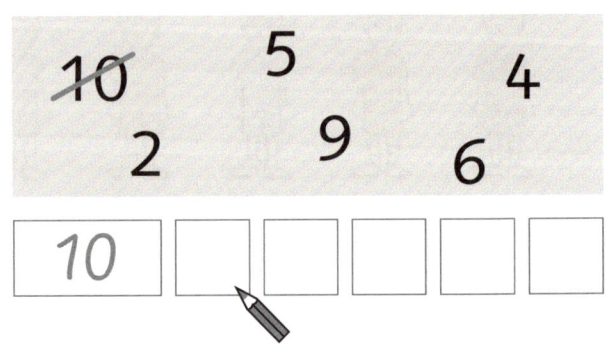

10 5 4
2 9 6

10	☐	☐	☐	☐	☐